스마트폰으로 유튜브 크리에이터되기

돈되는 유튜브 3일 완성

KB081656

아티오
ArtStudio

남시언

문화 콘텐츠 크리에이터. 경북콘텐츠진흥원 차장을 역임했으며 티스토리 IT/미디어분야 파워블로거로 활동 중이다. 프리미엄 콘텐츠 제작소 히트메이커스의 대표이자 중앙정부 및 대학교, 관공서, 기업 등에서 콘텐츠 기획 및 콘텐츠 마케팅을 주제로 다양한 강연 활동을 이어가고 있다.

저서로는 〈블로그 글쓰기 나만의 콘텐츠로 성공하기〉, 〈인스타그램으로 SNS 크리에이터 되기〉, 〈파이널컷프로X으로 시작하는 유튜브 동영상 편집〉 등이 있다.

• 블로그 〈남시언닷컴〉 운영
• 유튜브 채널 〈남시언 콘텐츠랩〉 운영

저자와 소통할 수 있는 채널
• 블로그 : https://namsieon.com
• 유튜브 : https://youtube.com/ebagoo
• 페이스북 : https://fb.com/underclub
• 인스타그램 : https://instagram.com/sieon_nam

스마트폰으로
유튜브 크리에이터 되기 개정판

2020년 3월 10일 초판 발행
2024년 1월 5일 개정2판 인쇄
2024년 1월 10일 개정2판 발행

펴낸이	김정철
펴낸곳	아티오
지은이	남시언
기획·진행	김미영
마케팅	강원경
표 지	김지영
편 집	이효정
전 화	031-983-4092~3
팩 스	031-696-5780
등 록	2013년 2월 22일
정 가	19,500원
주 소	경기도 고양시 일산동구 호수로 336 (브라운스톤, 백석동)
홈페이지	http://www.atio.co.kr

* 아티오는 Art Studio의 줄임말로 혼을 깃들인 예술적인 감각으로 도서를 만들어 독자에게 최상의 지식을 전달해 드리고자 하는 마음을 담고 있습니다.

* 잘못된 책은 구입처에서 교환하여 드립니다.
* 이 책의 저작권은 저자에게, 출판권은 아티오에 있으므로 허락없이 복사하거나 다른 매체에 옮겨 실을 수 없습니다.

이 책을 처음 출간하고 3년이 지났습니다. 이 책은 네이버 베스트셀러에 올랐으며 이 책을 통해 많은 예비 크리에이터 분들이 스마트폰으로 동영상 촬영과 동영상 제작, 비디오 크리에이티브 세계에 입문하였습니다.

콘텐츠 업계는 매우 빠른 속도로 변하는 곳입니다. 3년 동안 동영상 제작과 편집 시장도 많이 바뀌었고 유튜브는 과거보다 더욱 인기가 좋아졌으며, 동영상 촬영과 동영상 편집은 과거보다 더욱 쉬워지고 더욱 간편해졌습니다. 이제는 더 많은 사람들이 자신의 이야기를 동영상이라는 콘텐츠를 이용하여 쉽게 말할 수 있게 됐습니다.

그동안 숏폼 콘텐츠가 대세로 떠올랐고 압도적인 조회수와 재미를 바탕으로 인스타그램 릴스, 유튜브 쇼츠, 틱톡, 블로그 모먼트 등 짧은 세로 영상이 롱폼 동영상에 비해 더 주목받고 있습니다. 광고 업계에서도 이제는 숏폼 콘텐츠를 집중적으로 제작합니다. 스마트폰으로 시청할 수 있는 라이브 커머스는 소비자들에게 익숙해졌습니다.

스마트폰의 하드웨어는 성능이 계속해서 높아지고 더 저렴해지는 추세입니다. 소프트웨어는 더욱 간편하게 영상을 제작할 수 있도록 도와주는 방향으로 발전하고 있습니다. 예전에는 복잡한 편집 과정을 거쳐야 했던 효과가 지금은 클릭 한두 번으로도 편집이 가능합니다.

이러한 트렌드 변화를 반영하기 위해 개정판에서는 영상 편집의 중심이 되는 소프트웨어(앱)를 대대적으로 변경하였습니다. 더불어 숏폼 콘텐츠의 인기를 고려하여 숏폼 콘텐츠 제작 내용을 본문으로 추가하였습니다.

여러분들이 만약 영상 콘텐츠를 능숙하게 다룰 수 있게 된다면, 더 많은 기회와 더 많은 차별화 포인트를 가질 수 있을 것입니다. 이 책은 유튜브라는 매체와 동영상 콘텐츠를 주로 이야기하지만, 그 중심에는 자신만의 콘텐츠를 제작하고 홍보하며 개인 브랜드를 구축하는, 이른바 '콘텐츠 퍼스널 브랜딩'이라는 의미가 숨어있습니다.

동영상 제작은 어렵지 않으며 무엇보다 아주 재미있는 작업입니다. 동영상 콘텐츠 크리에이티브 세계에 오신 걸 환영합니다. 이제 여러분들의 아이디어와 창의력을 전 세계 사람들과 나눌 시간입니다.

문화 콘텐츠 크리에이터 **남시언**

STEP ● 1 　　　　　　　　　　　　　　　　　　　Youtube

01 : 유튜브 준비하기

1. 유튜브는 레드오션일까?

콘텐츠는 불과 몇 년 전까지만 하더라도 대형 제작사들이 만드는 콘텐츠들 위주였습니다. 예를 들어 TV 예능 프로그램이나 드라마, 영화, 책, 머천다이징 상품들 등은 혼자서는 만들 수 없고 만들 수 있다고 생각할 수도 없는 영역이었습니다. 그러나 이제는 과학기술의 발전으로 **콘텐츠 제작 장비들이 보편화되고 저렴해지면서 1인 미디어 시대가 열렸습니다.** 요즘에는 누구라도 자신이 원하는 콘텐츠를 만들 수 있는 시대입니다. 실제로 1인 미디어가 제작한 콘텐츠들이 대형 콘텐츠들보다 더 인기를 끄는 경우도 있습니다.

> **STEP**
>
> 총 Step 14로 스마트폰을 이용하여 유튜브 크리에이터가 알아야 할 기능을 짜임새 있게 설명하였습니다.

프레임레이트

그렇다면 사진을 몇 장을 찍어야 사람 눈에 움직이는 동영상처럼 보일까요? 디지털 콘텐츠에서는 1초 기준으로 최소 24장의 사진이 필요합니다. 별도로 동영상 모드로 촬영하지 않고 24장의 연속된 사진을 촬영한 다음, 편집 프로그램에서 이어붙이면 동영상처럼 만들 수도 있습니다. 우리가 영화관에서 관람하는 영화의 경우 보통 1초에 24장의 사진을 넣는 방식으로 만듭니다. TV 프로그램은 보통 30장의 사진을 넣습니다. 게임 동영상이나 액티비티(스키, 수영 등) 동영상은 움직임이 많아서 부드럽게 보여줄 목적으로 1초에 60장의 사진을 넣기도 합니다. 1초에 들어가는 사진의 숫자가 많으면 많을수록 영상의 움직임이 부드러워집니다. 이렇듯 1초에 몇 장의 사진이 들어가는가를 프레임레이트라고 부르며, FPS로 표기합니다.

> **TIP　FPS**
>
> FPS는 Frame Per Second의 약자로 초당 프레임 수(사진)를 이야기하는 용어입니다. 24FPS이면 1초에 24장, 30FPS이면 1초에 30장, 60FPS면 1초에 60장의 사진으로 촬영 혹은 편집되었다는 뜻입니다.

> **TIP**
>
> Tip을 통해서 어려운 용어 및 꼭 알아야 하는 개념 등을 설명하였습니다.

해상도

앞서 동영상은 사진의 연속으로 만들어져 있다고 했습니다. 그러면 사진은 무엇으로 만들어져 있을까요? 바로 픽셀(Pixel)이라고 부르는 점으로 만들어져 있습니다. 이 점이 촘촘할수록 높은 해상도이며 사진이 더 선명하게 보입니다. 아래는 동영상의 해상도를 한 눈에 알아볼 수 있도록 정리

▲ 옷 등에 끼워서 쓰는 핀 마이크(boya by—m1)　　　▲ 카메라에 연결하여 쓰는 마이크(rode video micro)

> **여기서 잠깐!**
>
> **마이크 구입 시 호환 여부를 체크하세요**
>
> 요즘 나오는 스마트폰 기종에서는 이어폰 잭이 사라지는 추세입니다. 무선 이어폰이 활성화되고 있는데다가 충전 포트에서 이어폰 기능을 같이 이용하는 경우가 많아졌습니다. 일반적인 마이크들은 스마트폰이 아닌 카메라에 연결하기 위한 용도로 만들어졌기 때문에 스마트폰 기종에 따라 마이크와 스마트폰을 연결하기 위한 별도의 연결 잭이 필요한 경우도 있습니다. 따라서 마이크를 구매하기 전, 반드시 자신의 스마트폰 기종과 호환이 되는지 또는 별도의 연결잭이 필요하지는 않은지 체크해 보세요

> **여기서 잠깐!**
>
> 교재 설명 과정 중에 놓치기 쉽거나, 누구나 알거라 생각하지만, 알지 못하는 부분을 한번 더 짚어주었습니다.

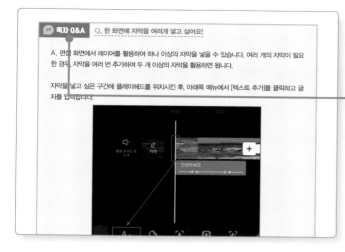

💬 **독자 Q&A** Q. 한 화면에 자막을 여러개 넣고 싶어요!

A. 편집 화면에서 레이어를 활용하여 하나 이상의 자막을 넣을 수 있습니다. 여러 개의 자막이 필요한 경우, 자막을 여러 번 추가하여 두 개 이상의 자막을 활용하면 됩니다.

자막을 넣고 싶은 구간에 플레이헤드를 위치시킨 후, 아래쪽 메뉴에서 [텍스트 추가]를 클릭하고 글자를 입력합니다.

독자 Q&A

저자가 가지고 있는 노하우를 독자의 질문을 통해서 설명하였습니다.

영상 촬영용 스마트폰 구매 시 확인할 사항
후면 카메라 렌즈의 수

▲ 갤럭시 스마트폰의 카메라 스펙

최근에 출시되는 스마트폰들은 카메라 기능이 매우 훌륭합니다. 전면에는 카메라 하나가 있고 후면에는 렌즈가 2개 혹은 3개 이상이 배치되어 있습니다. 각 렌즈는 서로 다른 화각을 갖고 있고, 이 렌즈들을 조합하여 멋진 사진과 영상을 만들어내는 방식입니다. 가령 풍경을 찍고 싶다면 광각 카메라

POWER UPGRADE

하나 더 알아두면 좋은 기능 및 고급 기능을 담았습니다.

야 할 5가지 사항을 참고해보세요.

❶ 특정 주제의 최초가 될 수 있는가?
❷ 시청자층을 좁게 만들 수 있는가?
❸ 해당 주제의 점유율을 많이 가져올 수 있는가?
❹ 관심 있는 주제인가?
❺ 한가지의 주제로 오래도록 운영이 가능한가?

자세한 사항은 남시언 콘텐츠랩 유튜브 채널에서 영상으로 확인해보세요!

유튜브의 주제를 고르는 방법 (브랜딩 관점에서)
남시언 콘텐츠랩

▲ 브랜딩 관점에서 유튜브의 주제를 고르는 방법

영상 링크	QR코드로 바로보기
https://youtu.be/nxdMTSdqal4	

유튜브 채널

저자가 운영하는 유튜브 채널을 함께 수록하여 학습의 도움이 되도록 구성하였습니다.

차 례

01 : 유튜브 준비하기

1. 유튜브는 레드오션일까?

콘텐츠는 불과 몇 년 전까지만 하더라도 대형 제작사들이 만드는 콘텐츠들 위주였습니다. 예를 들어 TV 예능 프로그램이나 드라마, 영화, 책, 머천다이징 상품들 등은 혼자서는 만들 수 없고 만들 수 있다고 생각할 수도 없는 영역이었습니다. 그러나 이제는 과학기술의 발전으로 **콘텐츠 제작 장비들이 보편화되고 저렴해지면서 1인 미디어 시대가 열렸습니다.** 요즘에는 누구라도 자신이 원하는 콘텐츠를 만들 수 있는 시대입니다. 실제로 1인 미디어가 제작한 콘텐츠들이 대형 콘텐츠들보다 더 인기를 끄는 경우도 있습니다.

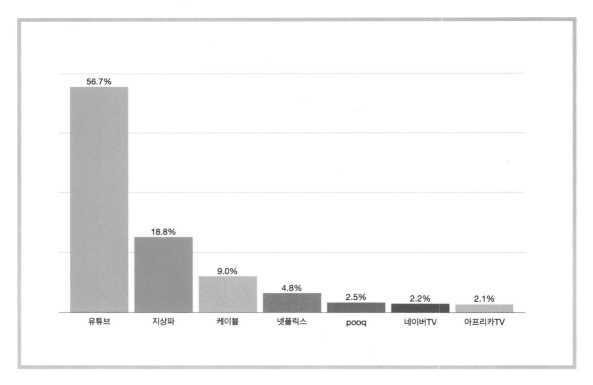

▲ 오후 7시 이후 가장 많이 이용하는 미디어 매체는 무엇입니까? 에 대한 설문조사

콘텐츠 제작자, 특히 1인 미디어 환경에서 1인 크리에이터의 비율은 어느 정도 될까요? 얼마 전, 나우앤서베이에서 조사한 유튜브 크리에이터 설문조사에 따르면(https://www.nownsurvey.com/board/hotissue/view/wr_id/111/ptype/all/stx/) 전체 인원 중 약 7.6%만이 1인 크리에이터로 활동하며, 나머지 92%는 콘텐츠 소비자라는 결과가 나왔습니다.

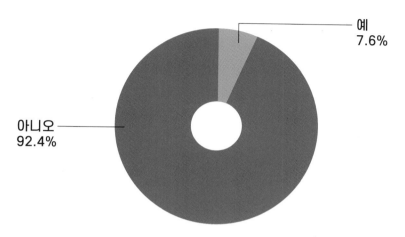

▲ 현재 1인 크리에이터로 활동 중이십니까? 에 대한 설문조사

계산하기 쉽게 10%라고 하면 유튜브를 이용하는 전체 인원의 10% 정도만이 콘텐츠 제작자로 활동합니다. 이 10% 중에서 실제 취미 이상으로 콘텐츠를 제작하는 경우는 아마도 50%(전체의 5%) 정도 될 것입니다. 이 나머지 50% 중에서 1년 뒤에도 활동할 사람은 대략 30%~10% 정도 될 것으로 생각합니다(전체의 2% 정도). 쉽게 말해서 100명을 줄을 세운다면, 그 중에서 2명에서 5명 정도만이 콘텐츠 제작자로 활동한다는 이야기입니다.

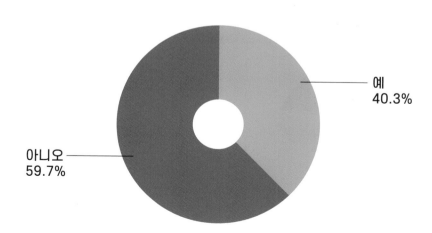

▲ 앞으로 1인 크리에이터로 활동할 생각이 있으십니까? 에 대한 설문조사

스마트폰만으로도 얼마든지 쉽게 동영상을 촬영할 수 있고 유튜브가 대세인 오늘날에도 왜 이렇게 크리에이터는 많지 않을까요? 공통된 의견은 '콘텐츠 제작이 어렵기' 때문입니다. **전문지식이 필요한 부분도 있지만, 이 어려움에는 꾸준하게 제작하기 어렵다는 문제도 있습니다.**

콘텐츠 제작은 기본적으로 프로덕션의 형태를 가지기 때문에 기획 단계(프리 프로덕션) – 제작 단계(프로덕션) – 마무리 단계(포스트 프로덕션)로 나뉩니다. 1인 미디어는 이 모든 단계를 혼자서 해결하는 형태입니다. 동영상 전문 제작사인 대형 프로덕션에서는 각 분야마다 전문가들이 배치되어 작업을 진행합니다. 1인 미디어 환경에서는 좋은 아이디어가 있다고 해도(기획), 제작 실력이 뒤따르지 않으면 콘텐츠를 제작할 수 없게 되며, 콘텐츠 제작 실력이 훌륭하다고 해도 기획력이 없거나 마무리(포스트 프로덕션)를 할 수 없다면 콘텐츠 제작이 불가능합니다.

▲ 1인 미디어는 혼자서 동영상을 기획, 촬영, 편집하는 방식입니다

사람들은 '콘텐츠 제작은 대단히 어려운 일이다'라고 생각하는 경향이 있습니다. 그리고 이건 절반 정도는 맞는 이야기입니다. 콘텐츠 제작 자체의 난이도도 문제지만, 필요한 장비와 신기술에 대한 다방면의 학습이 필요한 까닭에 쉽게 포기하기도 합니다.

학생들을 대상으로 하는 콘텐츠 제작 관련 강의나 컨설팅에서 자주 겪는 재미있는 일이 있습니다. 요즘 학생들은 디지털 네이티브(Digital native : 개인용 컴퓨터, 휴대전화, 인터넷, MP3와 같은 디지털 환경을 태어나면서부터 생활처럼 사용하는 세대)이기 때문에 디지털 자료와 활용에 대단히 익숙하며, 관련된 지식이나 정보를 많이 알고 있고 이해도도 높습니다. 그래서 얘기를 나눠보면 정말 멋진 작품들을 구상하고 있고, 실제로 본인들도 그렇게 만들겠다고 이야기를 합니다. 그러나 실제 작품을 만들었을 때의 결과물은 이야기했던 것과 다른 경우가 많습니다.

왜 이런 현상이 발생하는 걸까요? 그것은 머리로 알고있는 것과 실제로 콘텐츠를 제작하는 일은 다르기 때문입니다. 글이든, 사진이든, 동영상이든, 사소한 편집도 실제로 제작을 해보면 사소하지 않다는 걸 알 수 있죠. 따라서 어떤 플랫폼에서든 콘텐츠 제작자보다는 콘텐츠 소비자가 압도적으로 많습니다. 학생들의 이해도와 지식은 꽤나 높은 수준이고, 전체적으로 훌륭하며 아이디어도 좋은 편이지만, 이걸 실제로 구현하는 건 알고 있는 것과는 다릅니다. 예를 들어 영상 촬영방법을 이론적으로 알고있는 것과 실제로 영상을 촬영하는 건 아예 다른 내용이라고 해도 좋을 만큼 난이도 차이가 있습니다.

▲ 동영상 제작은 직접 만들어보는 게 가장 좋은 연습 방법입니다

콘텐츠 제작은 어떤 분야든 이론과 감각을 겸비해야 하는 일입니다. 이론만 알아서도 안되고 감각만 있어서도 부족합니다. 1인 미디어 환경에서는 특히 그런 경향이 있습니다. 여기에 추가로 경험이 뒷받침 되어야 하며 계속해서 공부해야 하는 분야입니다. 세상에서 제일 빠르게 변화하는 곳이 바로 콘텐츠 플랫폼이기 때문입니다.

현대인들은 대단히 바쁜 일상을 보내기 때문에 콘텐츠 제작에 반드시 필요한 '절대 시간'이 이름 그대로 절대적으로 부족합니다. 짧은 글이라도 제대로 된 글 한 편을 마무리하려면 못해도 1시간 정도는 여유시간이 있어야 하죠. 사진은 더 오래 걸리고, 동영상은 더더욱 오래 걸립니다.

여기에서 우리는 기회를 찾을 수 있습니다. 위험과 기회는 보통 함께 움직입니다. **사람들이 귀찮아서, 힘들어서, 어려워서 안하는 것들이라면, 내가 해보면 어떨까요? 이곳은 블루오션이며 어쩌면 앞으로 다가올 미래에 다시는 만나지 못할, 하늘이 내려준 절호의 찬스일지도 모릅니다.** 유튜브가 레드오션이라고 말하는 사람들이 너무나도 많습니다. 전체를 100명으로 봤을 때 많아도 10명만이 활동하는 무대가 레드오션이 될 수 있을지는 고민해볼 문제입니다. 특출난 주제와 탤런트, 그리고 전문지식이 없는 상태라면 유튜브가 아니라 그 어떤 곳도 레드오션이며, 반대로 그러한 것들을 갖췄다면 어떤 곳도 블루오션이 될 수 있습니다. 콘텐츠 세계는 그런 곳입니다.

전체 인원의 5% 정도라면, 아주 좋은 기회의 장이 아닐까요? 콘텐츠 제작 분야는 여전히, 그리고 앞으로도 한동안은 기회의 장이며 블루오션입니다. 소비하는 사람은 많고 만드는 사람은 드문 곳! 수요공급 논리가 비정상적으로 보일만큼 수요가 압도적인 곳에서 여러분들의 기획력과 콘텐츠 제작 능력, 스토리를 전 세계 사람들에게 공유해보세요. 상상하지도 못했던 기회들이 여러분을 기다리고 있습니다.

2. 동영상 콘텐츠의 이해

유튜브는 동영상을 올리고 다른 사람들과 소통하는 플랫폼입니다. 따라서 유튜브를 시작하기 위해서는 동영상을 제작할 줄 알아야 합니다. 동영상은 콘텐츠 진화 단계에서 끝자락에 자리 잡고 있습니다. 글과 사진, 음악이 모두 결합된 형태입니다. 동영상 제작은 난이도로 치면 글이나 사진보다는 조금 더 어려운 편이지만, 요즘에는 스마트폰만으로도 얼마든지 훌륭한 영상을 촬영하고 제작할 수 있습니다.

동영상이 만들어지는 원리
학창시절 교과서나 공책에 그림을 그려본 적이 있으실 겁니다. 한 페이지에 그림을 그리고 또 다음 페이지에 그림을 그리고, 또 다음 페이지에 그림을 그리고... 이렇게 해서 수십 장을 그린 다음 책을 촤르륵~ 넘기면 그림이 움직이는 것처럼 보이죠? 이걸 플립북(Flip book)이라고 부릅니다.

▲ 사진 또는 그림을 활용한 플립북

    동영상은 바로 이 플립북처럼 만들어집니다. 즉, 여러 장의 사진과 음악이 결합된 형태입니다.
    실제로 움직이는지의 여부와는 관계없이 사람 눈에 움직이는 것처럼 보이면, 동영상이 만들어지는 원리입니다. 동영상이라는 게 별도로 있는 것이 아니라 사진을 연속으로 빠르게 찍어서 연결하는 방식을 사용합니다. 우리가 스마트폰을 활용해 동영상 모드로 촬영할 때에도 실제로 스마트폰에서는 사진을 빠르게 촬영하여 동영상을 만들어냅니다. 이렇게 빠르게 촬영된 사진들의 묶음에 소리(음악, 목소리 등)를 붙여주면 동영상이 완성됩니다.

동영상 = 연속된 사진 + 소리

프레임레이트

그렇다면 사진을 몇 장을 찍어야 사람 눈에 움직이는 동영상처럼 보일까요? 디지털 콘텐츠에서는 1초 기준으로 최소 24장의 사진이 필요합니다. 별도로 동영상 모드로 촬영하지 않고 24장의 연속된 사진을 촬영한 다음, 편집 프로그램에서 이어붙이면 동영상처럼 만들 수도 있습니다. 우리가 영화관에서 관람하는 영화의 경우 보통 1초에 24장의 사진을 넣는 방식으로 만듭니다. TV 프로그램은 보통 30장의 사진을 넣습니다. 게임 동영상이나 액티비티(스키, 수영 등) 동영상은 움직임이 많아서 부드럽게 보여줄 목적으로 1초에 60장의 사진을 넣기도 합니다. 1초에 들어가는 사진의 숫자가 많으면 많을수록 영상의 움직임이 부드러워집니다. 이렇듯 1초에 몇 장의 사진이 들어가는가를 프레임레이트라고 부르며, FPS로 표기합니다.

> **TIP**　**FPS**
>
> FPS는 Frame Per Second의 약자로 초당 프레임 수(사진)를 이야기하는 용어입니다. 24FPS이면 1초에 24장, 30FPS이면 1초에 30장, 60FPS면 1초에 60장의 사진으로 촬영 혹은 편집되었다는 뜻입니다.

해상도

앞서 동영상은 사진의 연속으로 만들어져 있다고 했습니다. 그러면 사진은 무엇으로 만들어져 있을까요? 바로 픽셀(Pixel)이라고 부르는 점으로 만들어져 있습니다. 이 점이 촘촘할수록 높은 해상도이며 사진이 더 선명하게 보입니다. 아래는 동영상의 해상도를 한 눈에 알아볼 수 있도록 정리한 표입니다.

해상도	가로	세로
SD (Standard Definition)	720	486
HD (High Definition)	1280	720
FHD(Full HD)	1920	1080
2K	2048	1080
UHD (Ultra HD) 또는 4K	3840	2160
8K	8192	4320

유튜브에서 흔히 볼 수 있는 해상도인 1080p는 FHD(Full HD) 화질을 뜻합니다. 1K가 1,000을 이야기하는 것이므로 2K라고 하면 1080p가 2개 붙어있는 크기이며 4K는 1080p가 4개 모인 크기를 말합니다. 최근에 출시되는 스마트폰들은 4K 촬영을 지원하는 경우가 많으며, 앞으로 더욱 보편화될 것으로 보입니다.

▲ 동영상 해상도 비교

 독자 Q&A　Q. 어떤 해상도를 사용해야 하나요?

A. 현재 유튜브에서 가장 많이 사용되는 해상도는 FHD인 1080p와 4K입니다. 4K 편집은 성능을 많이 요구하고 용량이 크기 때문에 처음 사용자분들은 FHD인 1080p를 권장합니다. 무난한 품질을 자랑하며 대부분의 유튜브 동영상이 1080p로 만들어지고 있습니다.

　동영상 콘텐츠에서 해상도는 곧 동영상의 크기를 뜻합니다. 해상도가 높을수록 동영상의 화질이 좋아집니다. 따라서 가능하다면 동영상을 촬영 및 편집할 때 고해상도로 작업하는 편이 여러 가지 면에서 유리합니다. 스마트폰에서도 해상도를 설정할 수 있으며, 동영상 촬영 해상도 설정에 대해서는 'STEP 5. 스마트폰으로 유튜브 동영상 촬영하기'에서 자세히 소개합니다.

3. 동영상 촬영을 위한 준비물

　동영상을 촬영하려면 당연히 동영상을 촬영할 수 있는 장비가 있어야 합니다. 동영상 촬영 장비는 기본 카메라에서부터 촬영 환경과 촬영 스타일에 맞는 특수한 장비까지 굉장히 다양합니다. 또한 다른 콘텐츠 제작 장비에 비해 상대적으로 여러 개의 장비가 필요하고 가격이 고가입니다. 동영상 촬영을 위해 완벽한 장비를 구비하는 것은 1인 미디어와 입문자분들에게는 어려운 일입니다. 경제적으로도 부담되고 장비 활용방법을 익히는 데에도 시간이 필요합니다. 여기에서는 유튜브를 시작하는 입문자분들을 기준으로 가장 기본적인 촬영 장비 몇 가지를 알아보고 소개합니다.

장비	필수 여부
카메라 또는 스마트폰	필수
마이크	있으면 좋지만 없어도 OK!
삼각대(거치대)	필수
조명	있으면 좋지만 없어도 OK!
보조 배터리	있으면 좋지만 없어도 OK!

여기서 잠깐!

무조건 장비부터 구입하지 마세요

요즘 유튜브가 인기를 끌면서 무리하게 장비부터 구매하려고 하는 분들이 있습니다. 입문자분들이 쉽게 빠질 수 있는 함정은 '좋은 장비 = 좋은 영상'이라는 공식입니다. 이 공식은 어느 정도 일리는 있지만, 반드시 정답은 아니며, 좋은 장비가 꼭 좋은 영상으로 이어지는 것도 아닙니다. 영상 촬영 관련 장비들은 대부분 비싸고 사용법이 어려운 축에 속합니다. 장비보다 더 중요한 것은 영상의 주제와 기획력, 즉 콘텐츠 그 자체입니다. 더불어 1인 미디어에서는 콘텐츠 결과물이 조금 부족해도 친근한 느낌을 주는 B급 감성도 하나의 장점이 될 수 있습니다. 따라서 현재 가지고 있는 장비들을 최대한 활용하는 것이 좋으며, 스마트폰 하나만으로도 얼마든지 좋은 영상을 만들 수 있습니다. 절대로 서둘러 장비를 구매하지 마세요. 나중에 영상 촬영과 편집이 충분히 익숙해진 다음에 구매해도 늦지 않습니다. 실제 현업 유튜버분들 중에서도 스마트폰으로 영상을 제작하는 분들이 많습니다.

카메라 또는 스마트폰

카메라는 동영상을 촬영하기 위한 가장 기본적이면서도 필수인 장비입니다.

다른 장비들은 없어도 괜찮지만, 카메라 또는 스마트폰은 반드시 있어야 합니다. 일반적으로 영상 촬영용으로 많이 쓰이는 카메라는 미러리스 제품군입니다.

DSLR 카메라에 비해 가볍고 작아서 휴대하기 좋으며, 동영상 촬영 기능도 요즘에는 DSLR에 뒤지지 않는게 특징입니다.

▲ 스마트폰만으로 촬영한 아이폰 광고

하지만 꼭 좋은 카메라를 준비할 필요는 없습니다. 가지고 있는 스마트폰을 활용하면 누구나 멋진 영상을 제작할 수 있습니다. 과거에는 스마트폰의 동영상 기능이 빈약했지만, 최근에는 스마트폰으로 영상을 찍는 분들이 늘어나면서 스마트폰의 영상 촬영 기능이 대폭 강화되고 있습니다. 스마트폰으로 영화와 광고까지 제작하는 시대입니다.

스마트폰은 항상 가지고 다니는 특성상 휴대성이 뛰어나고 무게가 가벼운 것이 장점이며 셀프 카메라와 내장 마이크 등이 기본으로 포함되어 있어서 추가적인 장비의 필요성을 줄여줍니다. 게다가 사용법도 무척 쉬워서 유튜브 입문자분들에게 추천하는 장비입니다!

▲ 미러리스 카메라(캐논 M50)

▲ 스마트폰

마이크

보통 목소리를 녹음해야 하는 유튜브 영상에서는 마이크 성능이 꽤 중요합니다. 스마트폰의 내장 마이크는 안타깝게도 성능이 썩 좋은 편은 아닙니다. 하지만 스마트폰은 전화 기능을 갖추고 있으므로 아예 못쓸 수준도 아닙니다. 내장 마이크의 성능이 부족한 건 미러리스 카메라도 마찬가지이며, 오히려 스마트폰 쪽이 좀 더 좋은 편입니다. 유튜브를 시작하는 과정에 반드시 필요한 건 아니지만 깔끔하고 선명한 목소리를 녹음하고 싶다면, 외장 마이크를 준비하는 것도 고려해보면 좋습니다. 다양한 크기와 성능의 마이크들이 시중에 나와있으며, 1만원 대를 자랑하는 저렴한 핀 마이크도 있습니다.

▲ 옷 등에 끼워서 쓰는 핀 마이크(boya by-m1)

▲ 카메라에 연결하여 쓰는 마이크(rode video micro)

여기서 잠깐!

마이크 구입 시 호환 여부를 체크하세요

요즘 나오는 스마트폰 기종에서는 이어폰 잭이 사라지는 추세입니다. 무선 이어폰이 활성화되고 있는데다가 충전 포트에서 이어폰 기능을 같이 이용하는 경우가 많아졌습니다. 일반적인 마이크들은 스마트폰이 아닌 카메라에 연결하기 위한 용도로 만들어졌기 때문에 스마트폰 기종에 따라 마이크와 스마트폰을 연결하기 위한 별도의 연결 잭이 필요한 경우도 있습니다. 따라서 마이크를 구매하기 전, 반드시 자신의 스마트폰 기종과 호환이 되는지 또는 별도의 연결잭이 필요하지는 않은지 체크해 보세요.

삼각대(거치대)

삼각대는 보통 동영상 촬영을 위해 카메라 다음으로 준비하는 장비로, 카메라 또는 스마트폰을 거치할 수 있는 기능을 제공합니다. 카메라 또는 스마트폰을 손으로 들고 촬영할 때 보다 삼각대를 설치하면, 움직임이 훨씬 자유로워지며 고정시킨 상태에서 촬영할 수 있어서 유용합니다. 영상 촬영은 시간이 꽤 오래 걸리는 경우가 많아서 오래도록 손으로 들고 있으면 팔이 많이 아플 수 있습니다. 카메라를 고정하고 양손을 자유롭게 사용해야하는 경우도 있으므로 삼각대를 필수로 꼽았습니다. 전문가용 삼각대가 아닌 작고 가벼우면서도 저렴한 스마트폰용 삼각대도 얼마든지 찾을 수 있습니다. 가까운 지하상가나 문구점, 다이소 등에서 몇천 원으로 구매할 수 있는 삼각대도 있습니다.

▲ 미니 삼각대

▲ 스마트폰 전용 삼각대

삼각대는 스마트폰을 안전하게 거치할 수만 있으면 어떤 제품이든 관계없습니다. 가능하면 조금 튼튼한 제품이 좋습니다. 입문자분들에게는 미니 삼각대나 과거에 나온 삼각대보다는 조금 튼튼하고 견고해 보이는 삼각대를 추천합니다. 각도와 높이가 조절되는 제품이 좋습니다.

조명

유튜브 영상에는 인물이 등장하는 경우가 대단히 많습니다. 1인 미디어 환경에서는 자신이 직접 출연하는 것이 일반적입니다. 사람이 등장하는 영상과 그렇지 않은 영상에는 시청률에서 큰 차이가 날 정도로 영상에서는 인물 등장 여부가 매우 중요합니다.

영상은 사진과 비교하면 보정 작업이 대단히 까다롭기 때문에 원본 자체를 훌륭하게 촬영하는 게 중요합니다. 인물 촬영을 할 때에는 조명이 큰 역할을 합니다. 하지만 조명을 처음부터 반드시 사야하는 것은 아닙니다. 형광등과 자연광(햇살 등)을 적절하게 활용하면 조명 없이도 얼마든지 유튜브에 어울리는 영상을 촬영할 수 있습니다. 얼굴을 좀 더 화사하고 깨끗하게 보여주면서 전체적으로 톤을 정돈하고 싶다면, 추후에 조명을 준비하는 것도 고려해보시기 바랍니다. 1인 미디어 환경에 맞춘 합리적인 제품들이 시중에 많이 나와 있습니다.

▲ 스마트폰용 링라이트

▲ 스마트폰용 조명(W49)

🔁 **독자 Q&A**　Q. 조명 대신 스마트폰 플래시를 사용하면 안 될까요?

A. 스마트폰에 기본 내장된 플래시는 사진 촬영용으로는 쓸만 하지만 영상 촬영에서는 특수한 상황이 아니라면 사용하는 경우가 드뭅니다. 얼굴을 화사하게 보여주려면 빛이 넓게 퍼져야 하는데 스마트폰의 플래시는 빛을 멀리 쏘아 보내는 목적으로 제작되었기 때문에 오히려 더 이상하게 촬영되기도 합니다. 더불어 기본적으로 스마트폰 앞면(셀카모드)에는 플래시가 대부분 없습니다.

보조 배터리

　스마트폰은 무게가 가볍기 때문에 배터리의 크기가 상대적으로 크지 않습니다. 영상 촬영을 비롯해 영상 편집에 이르기까지 동영상 관련 작업들은 대부분 스마트폰의 배터리를 많이 필요로 하므로 배터리가 빨리 소모됩니다. 멋진 여행지나 어렵게 찾은 분위기 있는 카페에서 동영상을 촬영하는 와중에 배터리가 없어서 촬영을 중단해야 한다면, 이보다 더 안타까운 일은 없습니다. 스마트폰 동영상 촬영자라면, 보조 배터리를 하나 정도 준비하면 좋습니다.

영상 촬영용 스마트폰 구매 시 확인할 사항

후면 카메라 렌즈의 수

10 MP
셀피 카메라

뎁스 비전 카메라

16 MP
초광각 카메라

12 MP
광각 카메라

12 MP
망원 카메라

▲ 갤럭시 스마트폰의 카메라 스펙

최근에 출시되는 스마트폰들은 카메라 기능이 매우 훌륭합니다. 전면에는 카메라 하나가 있고 후면
에는 렌즈가 2개 혹은 3개 이상이 배치되어 있습니다. 각 렌즈는 서로 다른 화각을 갖고 있고, 이 렌
즈들을 조합하여 멋진 사진과 영상을 만들어내는 방식입니다. 가령, 풍경을 찍고 싶다면 광각 카메라
로, 인물을 찍을 땐 망원 카메라로 촬영할 수 있습니다.

이런 방식은 렌즈 교환식 카메라(DSLR, 미러리스 등)를 사용했을 때 여러 개의 렌즈를 들고 다니며
바꿔 가면서 촬영하는 방식과 비교하면, 매우 편리하다고 할 수 있습니다. 따라서 유튜브 촬영용으로
스마트폰을 구매할 목적이라면 되도록 최신폰을 구매하는 것이 유리합니다. 특히 후면에 카메라 렌
즈가 여러 개인 기기가 렌즈 하나만 있는 스마트폰보다 좋습니다.

▲ 하나의 스마트폰에서 여러 개의 렌즈로 촬영하는 구도 비교

스마트폰 동영상 관련 카메라 성능 체크

카메라	메인 카메라 - 화소 (Multiple) 12.0 MP + 16.0 MP + 12.0 MP	메인 카메라 - 조리개 값 (Multiple) F1.5/F2.4 (듀얼 조리개) , F2.2 , F2.1
	메인 카메라 - 오토 포커스 예	메인 카메라 - OIS 예
	메인 카메라 - 줌 Optical Zoom at 2x , Digital Zoom up to 10x	전면 카메라 - 화소 10.0 MP
	전면 카메라 - 조리개 값 F2.2	전면 카메라 - 오토 포커스 예
	메인 카메라 - 플래쉬 예	동영상 녹화 해상도 UHD 4K (3840 x 2160) @60fps
	슬로우 모션 960fps @HD, 240fps @FHD	

▲ 갤럭시 스마트폰의 카메라 스펙

과거에 카메라를 구매할 때 눈여겨 봤던 것은 화소 부분이었습니다. 그러나 요즘 나오는 스마트폰과 카메라들은 대부분 화소가 상향 평준화되어 크게 신경쓸만한 요소는 아니며 대동소이합니다. 오늘날 카메라에서 화소 자체는 유의미하지 않습니다. 사진보다 영상 촬영이 늘어나는 시대인 만큼 스마트폰 카메라 성능에서 눈여겨 봐야 할 부분은 조리개 값과 오토포커스 여부, 그리고 동영상 녹화의 해상도입니다.

❶ 조리개 값 : F값으로 표현합니다. 같은 값이면 낮은 조리개를 가진 카메라가 더 좋습니다. 예를 들어 A스마트폰의 조리개가 F1.50이고 B스마트폰의 조리개가 F2.4라면 A스마트폰의 카메라 렌즈가 더 좋다고 할 수 있습니다(조리개 값이 낮을수록 더 밝게 촬영할 수 있습니다).

❷ 오토포커스 여부 : 영상 촬영에서 오토포커스는 대단히 중요합니다. 움직임을 촬영해야 하므로 매번 수동으로 포커스를 맞춰줄 수 없기 때문입니다. 전면 카메라와 후면 카메라 모두에 오토포커스가 지원되는지 확인하세요.

❸ 동영상 녹화 해상도 : 해상도는 되도록 최대치가 높은 스마트폰이 좋습니다. 4K 촬영이 지원되는지 확인하세요(최근에 출시된 대부분의 스마트폰은 4K 촬영을 지원합니다). 꼭 4K 영상을 촬영하지 않는다고 하더라도 4K가 지원되는데 안 쓰고 있는 것과 지원되지 않아서 못 쓰고 있는 것은 다릅니다.

해상도 및 프레임레이트별 촬영 지원 여부 체크

▲ 아이폰 SE 동영상 촬영 설정
(1080p 60fps과 4K 60fps 촬영 지원)

▲ 갤럭시 S21 울트라 동영상 촬영 설정
(8K 24fps까지 지원)

끝으로 스마트폰에서 지원하는 동영상 설정을 체크해 보세요. 스마트폰 기종별로 지원하는 내용이 다릅니다. 예를 들어 아이폰 SE의 경우 1080p 해상도에서는 30프레임과 60프레임 촬영을 모두 지원하며, 4K는 24프레임과 30프레임, 60프레임을 지원하고 있는 모습입니다. 반면에 갤럭시 S21 울트라의 경우에는 동영상의 해상도를 더 많이 지원하며 8K까지 지원하고 있습니다. 되도록 선택지가 많은 스마트폰이 좋습니다. 구매하기 전에 미리 테스트해보거나 유튜브에서 해당 제품의 리뷰를 참고해보면 도움이 될 것입니다(유튜브 검색어는 해당 스마트폰 제품명 + 카메라 테스트라고 검색하면 검색 결과를 쉽게 확인할 수 있습니다. 예를 들어 'Galaxy S21 Ultra camera test'라고 검색할 수 있습니다).

4. 동영상 편집을 위한 준비물

동영상 편집은 영상 제작 과정의 꽃이라고 할 수 있습니다. 그만큼 중요하며 경우에 따라 촬영보다 편집이 더 중요할 때도 있습니다. 영상 편집은 사진 편집에 비해 자유도가 높아서 자신만의 아이디어와 창의력을 발휘하기에 더할 나위 없이 좋은 환경을 제공합니다. 예를 들어 똑같은 영상이라도 신나는 음악을 선택하면 신나는 분위기를, 우울한 음악을 선택하면 공포스러운 느낌을 연출할 수 있습니다. 동영상의 매력은 바로 이런 자유도에서 나온다고 해도 과언이 아닙니다.

동영상을 편집하기 위해서는 영상 편집 프로그램이 필요합니다. 많은 유튜버분들과 전문가분들이 사용하는 프리미어 프로, 파이널컷 프로 등 대표적인 PC용 영상 편집 프로그램들이 있습니다.

▲ 프리미어 프로

▲ 파이널컷 프로

PC용 편집 프로그램은 전문가용 영상 편집 프로그램으로서 고급 기능을 갖추고 있으므로 방송국, 영화제작사, 전문가 수준의 유튜버 등이 사용합니다. 1인 미디어를 표방하는 유튜브 크리에이터분들도 사용하는 경우가 많습니다. 하지만 PC용 편집 프로그램들은 전문가용 프로그램 특성상 프로그램의 가격이 비싸고 사용법이 다소 어려운 편입니다. 뿐만 아니라 영상 편집을 위해 고사양의 컴퓨터가 추가적으로 필요하기 때문에 처음부터 도전하기에는 부담스러운 부분도 있습니다.

이 책에서는 스마트폰 사용자분들, 그리고 유튜브 입문자분들을 위해 스마트폰에서 무료로 사용할 수 있으면서도 사용법이 쉽고 기능이 훌륭한 앱으로 동영상을 편집할 계획입니다. 앱 설치 방법은 STEP 6에서 자세히 다룹니다.

02 : 나만의 유튜브 채널 준비하기

1. 즐겨보는 동영상 분석하기

유튜브를 처음 시작할 때 가장 고민되는 요소는 콘텐츠의 주제입니다. '어떤 주제로 유튜브 동영상을 만들고 운영해야 할까?'가 입문자들의 공통된 고민거리입니다. 무작정 시작하는 것보다는 약간이라도 기획되고 분석된 주제로 시작하는 것이 여러 가지 면에서 유리하며 장기적으로 봤을 때 유튜브를 알차게 운영하는 지름길입니다.

▲ 어떤 주제를 선정하느냐에 따라 유튜브 운영방식이 달라질 수 있습니다

유튜브는 자신의 관심사나 취미 혹은 직업과 관련된 전문성 있는 내용을 동영상으로 만든 다음, 사람이 등장하여 소개하고 소통하는 플랫폼입니다. 어떤 주제를 선택해도 괜찮지만, 여러 가지 관심사 중에서 가능하면 명확한 주제를 선정하는 방향이 좋습니다. 자신의 관심사를 알아볼 수 있는 효과적인 방법이 있습니다. 자신이 즐겨 보는 동영상을 분석해보는 일입니다. 즐겨보는 동영상을 분석해보는 것만으로도 유튜브의 주제를 결정할 때 아이디어를 얻을 수 있습니다. 자신이 즐겨보는 동영상이라면, 내가 그 분야에 관심이 있을 확률이 높기 때문입니다. 다른 사람들이 보기에 좋아 보이는 주제나 인기있을 법한 주제를 고르기 보다는 자신만이 가지고 있는 장점을 알아보고 그

장점을 살릴 수 있는 주제를 고르는 쪽이 콘텐츠를 오래도록 만들고 꾸준히 활동할 수 있는 비결입니다. 유튜브 주제를 선정하는 일은 대단히 중요한 부분이므로 충분한 시간을 두고 생각해보시기 바랍니다.

즐겨보는 동영상 분석하기	
좋아하는 동영상 콘텐츠 주제는?	여행 영상 / 웹드라마 / ASMR / 먹방
좋아하는 동영상의 분위기는?	영화 스타일 / 신나는 분위기 / 잔잔함
좋아하는 자막/대사 스타일은?	코미디 / 예능 / 영화 스타일
즐겨보는 동영상의 평균 길이는?	5~10분 정도 / 20분 내외
즐겨보는 동영상의 주요 시청자는?	10대 학생 / 30대 직장인 / 주부
영상에서 주인공으로 등장하는 것은?	유튜브 운영자 1인 / 부부 / 강아지
동영상을 올리는 주기는?	1주일에 2회 정도 / 1주일에 4회 정도
시청자와 소통하는 방법은?	댓글 답변 / 인스타그램

▲ 유튜브 주제 선정을 위한 즐겨보는 동영상 분석 표 (예시)

위 예시를 참고하여 자신만의 즐겨보는 동영상 분석 표를 오른쪽 표에 작성해보세요.

여기서 잠깐!

관심사나 주제가 반드시 하나일 필요는 없습니다

대부분의 사람들은 여러 개의 관심사를 갖고 있습니다. 가령, 강아지를 좋아하면서 해외 여행 영상을 즐겨볼 수 있습니다. 관심사가 여러 개라면, 표를 작성할 때 여러 개 모두를 분석해서 각각 적어보세요! 여러분들이 운영하고자 하는 유튜브 채널의 주제는 여러분이 즐겨보는 동영상의 주제와 흡사할 가능성이 대단히 높습니다.

즐겨보는 동영상 분석하기	
좋아하는 동영상 콘텐츠 주제는?	
좋아하는 동영상의 분위기는?	
좋아하는 자막/대사 스타일은?	
즐겨보는 동영상의 평균 길이는?	
즐겨보는 동영상의 주요 시청자는?	
영상에서 주인공으로 등장하는 것은?	
동영상을 올리는 주기는?	
시청자와 소통하는 방법은?	

▲ 유튜브 주제 선정을 위한 즐겨보는 동영상 분석 표

2. 동영상 콘텐츠 주제 검토하기

이제 자신만의 유튜브 채널을 만들기 위해 자신의 콘텐츠 주제를 검토할 차례입니다. 앞서 분석한 '유튜브 주제 선정을 위한 즐겨보는 동영상 분석 표'를 참고하여 자신이 앞으로 운영할 유튜브 채널, 그리고 유튜브 주제를 압축해보아야 합니다. 아래의 표를 읽어보고 자신이 운영할 콘텐츠 주제를 검토해보세요.

동영상 콘텐츠 주제 검토	
내가 동영상(유튜브)을 만들고 싶은 이유는?	
내가 만들고 싶은 콘텐츠 종류는?	
다른 사람들과 공감할 수 있는 주제인가? (그렇다면 이유는?)	
꾸준히 촬영/편집이 가능한 주제인가?	
다양한 분야로 확장이 가능한가?	
나와 똑같은 주제를 다루는 사람과 나의 차이점은? (나만의 차별화 포인트는?)	

▲ 동영상 콘텐츠 주제 검토 표

3. 유튜브 주제 결정하기

즐겨보는 동영상 분석과 자신만의 동영상 콘텐츠 주제 검토가 끝났다면, 이제 자신만의 유튜브 주제를 결정해야 할 시간입니다. 동영상은 콘텐츠 특성상 제작하는데 시간이 많이 필요하며, 콘텐츠 하나의 크기가 큰 축에 속합니다. 따라서 동영상을 한 번 업로드하기 시작하면, 나중에 주제를 바꾸는 게 굉장히 어렵습니다. 즉, 처음부터 제대로 된 주제를 잡고 시작할 수 있다면 가장 좋으며, 주제의 기획이 잘 된 콘텐츠일수록 성공 가능성이 높아집니다. 유튜브 주제를 정하는 일은 그만큼 중요한 부분인 까닭에 급하게 결정하지 말고 천천히 곱씹으며 여러 가지 방면으로 깊게 생각해보시기 바랍니다.

유튜브 주제 결정하기	
내가 정한 유튜브 주제	맛집 탐방, 여행, 요리

주제 분석				
주제	다양성	촬영 장소	시청자층	작업 가능 여부
맛집 탐방	소재 다양, 전국 단위	전국 맛집	20대~50대	불가(주말에만 가능)
여행	소재 다양, 전국 또는 해외 명소	숨은 명소들	20대~40대	불가(비용 부담)
요리	다양한 요리 가능	집	20대~50대	매일 촬영 가능

▲ 유튜브 주제 결정을 위한 표 (예시)

예를 들어 위와 같은 표가 작성되었다고 해보겠습니다. 유튜브의 콘텐츠로 삼고 싶은 주제로 맛집, 여행, 요리가 선정되었고 주제 분석을 진행했습니다.

❶ 맛집 탐방 : 소재가 다양하고 전국 단위로 다닐 수 있어서 주제의 폭이 넓으며, 시청자층으로 봤을 때 많은 사람들에게 인기를 끌 수 있는 주제입니다. 하지만 영상 제작이 주말에만 가능하며, 비용 부담과 이동 거리상 시간이 부족할 수 있다는 판단으로 작업 가능 여부는 불가하게 됩니다.

❷ 여행 : 여행 역시 맛집 탐방과 비슷합니다. 소재가 다양하고 국내외 대부분의 여행지를 다니며 소개할 수 있어서 재미있는 주제이지만, 마찬가지로 주말에만 가능하고 비용 부담이 맛집 탐방보다 훨씬 큰데다 시간이 오래 걸리므로 업로드를 자주 할 수 없다는 이유로 영상 작업 가능 여부는 불가합니다.

❸ 요리 : 다양한 요리가 가능하며 집에서도 영상 촬영이 가능해서 날씨나 시기에 영향을 받지 않습니다. 시간만 주어진다면 매일 촬영이 가능하며, 준비 과정이 맛집 탐방이나 여행에 비해 간단하다는 판단으로 영상 작업 가능 여부는 가능입니다. 이렇게 3가지 주제를 분석했을 때 한 가지가 가능으로 나온다면 해당 주제를 선택하는 것이 가장 좋습니다.

아래의 표를 작성해보세요.

유튜브 주제 결정하기	
내가 정한 유튜브 주제	

주제 분석				
주제	다양성	촬영 장소	시청자층	작업 가능 여부

▲ 유튜브 주제 결정을 위한 표

유튜브 주제를 고르는 꿀팁 5가지

여전히 유튜브 주제를 고르는 게 어려우신가요? 그렇다면 추가적으로 몇 가지 사항을 더 검토할 수 있습니다. 유튜브는 개인 브랜딩 관점에서 훌륭한 매체이므로 자신만의 브랜드를 갖기 위해 고려해야 할 5가지 사항을 참고해보세요.

❶ 특정 주제의 최초가 될 수 있는가?
❷ 시청자층을 좁게 만들 수 있는가?
❸ 해당 주제의 점유율을 많이 가져올 수 있는가?
❹ 관심 있는 주제인가?
❺ 한가지의 주제로 오래도록 운영이 가능한가?

자세한 사항은 남시언 콘텐츠랩 유튜브 채널에서 영상으로 확인해보세요!

 **유튜브의 주제를 고르는 방법 (브랜딩 관점에서)**
남시언 콘텐츠랩

12:05

▲ 브랜딩 관점에서 유튜브의 주제를 고르는 방법

영상 링크	QR코드로 바로보기
https://youtu.be/nxdMTSdqal4	

03 : 유튜브 채널 만들기

1. 유튜브 채널 이름 정하기

유튜브의 주제를 고르는 작업이 모두 끝났다면 이제 채널 이름을 정해야 합니다. 채널 이름은 유튜브에서 자신을 드러내고 소개하는 하나의 중심점입니다. 우리가 사랑스러운 아이를 낳게되면, 아이의 이름을 대충 짓지는 않습니다. 마찬가지로 플랫폼의 이름(유튜브)을 짓는 일도 아이의 이름을 짓듯 정성스럽게 지어주어야 합니다. 유튜브에서는 채널 이름을 보통 '채널명'이라고 부릅니다.

▲ 필자의 채널명

주제를 정하는 것 못지않게 채널명을 결정하는 일도 쉬운 일은 아닙니다. 이름은 상대방에게 나를 각인시키는 역할을 하며 기억하기 쉽고 부르기 편한 게 좋습니다. 너무 어렵거나 긴 이름은 권하지 않습니다. 채널 이름을 짓는 것에 어려움을 겪는 분들을 위해 채널명을 정할 때 참고할만한 몇 가지 팁을 준비했습니다.

여기서 잠깐!

채널명은 추후에 변경할 수 있습니다. 계정별로 다르지만, 일반 계정은 90일간 3회, 브랜드 계정은 제한 없이 변경할 수 있는 시스템입니다. 하지만 채널 이름을 자주 변경하는 것은 유튜브 채널 브랜딩에 나쁜 영향을 줄 수 있고, 구독자들에게 혼선을 줄 수 있어서 권장되지 않는 방법입니다. 따라서 처음 채널명을 지을 때 정확하게 지어주는 방법을 추천합니다!

유튜브 채널 이름 정할 때의 팁

❶ 이름에서 주제를 유추할 수 있어야 합니다.

▲ 채널명 : 남시언 콘텐츠랩　　　　　　　　▲ 채널명 : 안동맛집지도

　채널명을 지을 땐 주제가 드러나도록 지으면 좋습니다. 가령, '남시언 콘텐츠랩'이라는 이름이라면, 다른 사람들이 볼 때 콘텐츠 관련된 주제를 가지고 있다고 생각할 것입니다. 그리고 실제로 콘텐츠 관련된 주제일 때 사람들은 구독할 마음이 생길 수 있습니다. 앞으로 더 많은 콘텐츠 관련 주제들이 올라올 것이라고 예상할 수 있기 때문입니다. '안동맛집지도'라는 이름이라면 당연히 안동 맛집에 관련된 주제의 채널로 인식할 것입니다.

　가능하면 주제가 드러나는 이름을 생각해보시기 바랍니다. '아프리카 여행 일지'라는 채널명을 가진 유튜브 채널에 들어가 봤더니 서울 여행지에 대한 영상만 잔뜩 있다면, 시청자들은 어리둥절할 것입니다. 너무 평범한 이름보다는 조금 독특한 이름이 추천되는 편입니다.

❷ 짧고 기억하기 쉬워야 합니다.

▲ 채널명 : ITSub잇섭

▲ 채널명 : 겜브링 GGAM BRING

기억하기 쉽도록 만들려면 이름이 짧은 게 유리합니다. 주제가 어느 정도 드러나면서도 짧게 만드는 게 핵심 포인트입니다. 짧으면서도 기억하기 쉬워서 언제든지 찾아보고 편하게 검색할 수 있다는 장점을 가진 이름을 생각해보시기 바랍니다.

❸ 입으로 발음했을 때 한 호흡에 발음되어야 합니다.

▲ 채널명 : 백종원의 요리비책

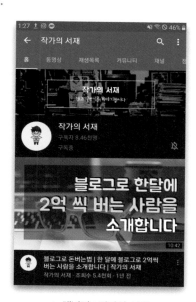

▲ 채널명 : 작가의 서재

채널명을 직접 입으로 발음해보세요. 글로 읽는 것과 실제 입으로 발음했을 때 느낌이 다를 수 있습니다. 되도록 한 호흡에 발음되는 채널명이 좋습니다. '백종원의 요리비책', '작가의 서재'처럼 한 호흡에 발음되도록 이름을 지어보세요. 너무 길거나 어려운 단어를 사용하게 되면 한 호흡에 발음되지 않을 수 있습니다. '낭만 여행을 좋아하는 사람들을 위한 아름다운 여행 일기'처럼 지으시면 안됩니다. '남시언 콘텐츠랩', '안동맛집지도' 등 대부분의 채널들이 한 호흡에 발음되면서도 기억하기 쉽고 주제를 유추할 수 있도록 이름을 짓습니다.

❹ 중복되는 이름이 없어야 합니다.

좋은 이름을 지었다고 하더라도 중복되는 이름이 있다면, 상대방과 나를 구분하기가 쉽지 않을 것입니다. 보통 깊게 고민하지 않고 이름을 짓게 되면 단순하고 평범한 이름이 나오게 됩니다. 예를 들어 여행 관련된 주제로 채널을 운영하고 싶은데, 이름을 짓는 과정에서 여행과 유튜브를 더해 '여행튜브'라는 이름을 지었다고 해봅시다. 이 이름을 가지고 유튜브에 검색을 해보면 다음과 같은 검색 결과가 나옵니다.

이미 여행튜브라는 이름을 가진 채널들이 다수 있으므로 나를 차별화하기 쉽지 않은 이름입니다. 따라서 자신이 정한 이름을 미리 유튜브에 검색해보고 중복되는 이름이 있는지 체크해 보시기 바랍니다.

▲ 유튜브에서 '여행튜브'를 검색했을 때 검색 결과

마법의 숫자 7

자동차 번호, 지역번호를 뺀 전화번호, 소설이나 영화 스토리에서 중심 인물의 수의 공통점은 무엇일까요? 바로 7이라는 숫자입니다. 이 마법의 숫자 7은 콘텐츠 기획 분야뿐만 아니라 우리 생활 곳곳에 적용되고 있습니다. 대표적으로 책 이름들 중에서 '~하는 7가지 특징' 또는 '~하는 사람들의 7가지 법칙'이라는 이름을 쉽게 찾을 수 있습니다.

이 마법의 숫자 7 개념은 MIT와 하버드대 교수를 지낸 조지 밀러(George A. Miller) 박사의 논문에서부터 출발하는데요. 쉽게 정리하면, 7개가 넘으면 사람들이 기억하기 어렵다는 아주 단순하면서도 명료한 법칙에 대한 내용입니다.

▲ 7개가 넘어가면 기억하기 어려워집니다

유튜브 채널명을 지을 때에도 마법의 숫자 7을 기억하면 도움이 됩니다. 채널명을 지을 때 7자 또는 7자 이내로 짓는 전략입니다. 7자 이내로 지으면, 적당한 길이를 가지면서도 발음하기 쉽고 기억하기 편리하다는 장점이 있습니다. 저는 7자 이내를 추천하지만, 최대한 양보하면 9자까지도 괜찮습니다. 그 이상 늘어나면, 이름 자체가 길어질 뿐만 아니라 기억하기 어렵고 발음하기 까다로워집니다.

2. 유튜브 채널 생성하기

드디어 유튜브 채널을 생성할 차례가 왔습니다. 전 세계 사람들이 볼 수 있는 유튜브라는 플랫폼에 나만의 공간을 만드는 일은 생각만으로도 설레는 작업입니다. 이번 장에서는 유튜브에 채널을 만들고 기초적인 정보를 등록하여 동영상을 올릴 수 있게끔 준비하는 과정에 대해 알아봅니다.

유튜브에 채널을 만들려면 우선 구글 계정이 필요합니다. 보통 안드로이드 계열 스마트폰을 사용하시는 분들은 스마트폰을 구매할 때 구글 계정을 생성하게 됩니다. 기존에 사용하던 구글 계정을 이용할 수도 있으며, 별도의 구글 계정을 추가적으로 만들어서 독립적으로 채널을 운영할 수도 있습니다. 여기에서는 새로운 계정을 만드는 것으로 가정하고 진행하겠습니다.

> **여기서 잠깐!**
>
> **스마트폰에서도 유튜브 채널 생성이 가능합니다**
> 유튜브 채널 생성은 스마트폰 유튜브 앱에서도 가능합니다. 과거에는 채널을 생성한 뒤 프로필 사진을 등록하고 채널 아트를 등록하는 작업이 PC에서만 가능하도록 바뀌었었지만, 이제는 스마트폰에서도 유튜브 채널에 프로필과 채널아트를 등록할 수 있습니다. 이 책에서는 스마트폰에서 유튜브 채널을 만드는 방향으로 설명합니다.

구글 계정 만들기

❶ 가장 먼저 스마트폰에서 인터넷을 실행한 다음 구글(www.google.com)로 접속합니다. 검색창에 '구글 계정 만들기'를 검색하고 검색 버튼 클릭 혹은 엔터 Enter 를 누릅니다.

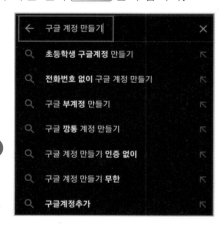

❷ 검색 결과에서 'Google 계정 만들기'를 찾으면 링크를 클릭합니다.

❸ Google 계정 만들기라는 사이트로 접속되었다면, 아래쪽에 파란색 버튼으로 된 [Google 계정 유형 선택하기]에서 [본인 계정]을 클릭합니다.

❹ 계정 만들기 화면이 보이면, 각 항목을 정확하게 입력해줍니다. 여기에서 처음에 나오는 '성'과 '이름'은 유튜브 채널을 생성할 때 자신의 채널명이 됩니다. 채널명은 나중에 바꿀 수 있으므로 여기에서는 본인의 이름을 입력하여 가입하면 됩니다. 입력을 마친 후 [다음]을 클릭합니다.

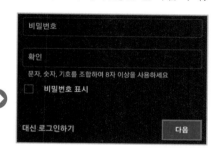

❺ 다음으로 전화번호를 통해 본인인증 과정을 거쳐야 합니다. 전화번호란에 전화번호를 입력한 후 [다음]을 클릭합니다. 만약 국내가 아닌 해외에서 통신을 이용하고 있다면, 앞에 있는 태극기 모양을 클릭하여 해당 국가로 바꿔주면 됩니다.

❻ 조금 기다리면, 국외발신이라는 이름으로 인증코드가 문자로 옵니다. 여기에 적힌 코드를 전화번호 인증창에 정확하게 입력해줍니다.

❼ 이제 추가적인 정보를 입력하는 창이 나타납니다. 여기에서 복구 이메일 주소와 생년월일, 성별을 기입합니다. 해당 정보 중 특히 중요한 부분은 복구 이메일 주소입니다. 나중에 비밀번호를 잊어버리거나 해킹 공격을 당하는 등 정상적으로 로그인할 수 없을 때 해당 이메일로 다시 로그인할 수 있도록 도와주는 역할을 합니다. 기존에 사용하던 또다른 이메일 주소를 넣어줍니다. 입력을 마친 후 아래쪽에 [다음]을 클릭합니다.

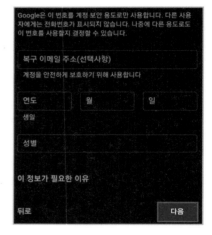

❽ 다음으로 전화번호를 구글 계정에 추가하는 화면이 나타납니다. 이 부분은 [건너뛰기]를 눌러 넘어갑니다.

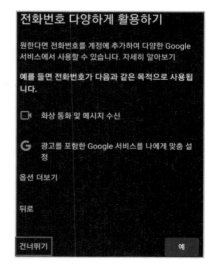

❾ 약관 동의 화면이 나오면, 잘 읽어본 후 약관 동의를 클릭하여 체크한 다음, 아래쪽에 있는 [계정 만들기] 버튼을 클릭합니다.

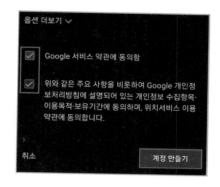

❿ 환영합니다라는 메시지가 나오면 구글 계정이 정상적으로 생성된 것입니다.

유튜브 채널 만들기

❶ 스마트폰에서 유튜브 앱을 실행한 후 우측 상단에 있는 프로필 아이콘을 클릭합니다. 현재 로그인 되어있는 계정이 있다면 해당 계정을 클릭한 후 계정 글자 옆에 있는 ' ⊕ ' 버튼을 클릭해서 새로 생성한 유튜브 계정으로 접속해야 합니다.

❷ 구글 계정을 만들 때 입력하였던 아이디와 비밀번호를 입력해줍니다.

❸ 다시 한 번 전화번호를 추가하는 메시지 창이 나타나는데 아래쪽에 [건너뛰기]를 클릭합니다.

❹ 로그인 후 다시 프로필 화면을 클릭해서 새롭게 만든 구글 계정 이름을 클릭하여 로그인을 합니다.

❺ 로그인이 되면 우측 상단 로그인 버튼이 동그라미 모양으로 바뀌면서 이름이 표시됩니다.

❻ 이제 우측 상단 프로필을 클릭한 후 [내 채널]을 클릭합니다.

❼ 현재 채널이 생성되어 있지 않은 상태이므로 채널 만들기 화면이 나타납니다. 이 화면에서는 우선 사진은 등록하지 않고 이후에 등록하기로 합니다. 이름은 채널명이 되며, 핸들은 유튜브 쇼츠 등에서 사용할 닉네임 같은 기능이므로 함께 지정을 해줍니다. 입력이 다 되면, 아래쪽에 있는 [채널 만들기]를 클릭합니다.

❽ 채널이 생성되었다는 메시지와 함께 자신만의 유튜브 채널 생성이 완료되었습니다.

유튜브 채널 이름 변경하기

유튜브 채널을 생성하는 과정에서 채널명을 잘못 입력하였거나 더 좋은 아이디어가 떠올랐다면, 채널 이름을 변경할 수 있습니다. 채널 이름을 변경하는 방법에 대해 알아보겠습니다.

❶ 유튜브에 접속한 화면에서 [내 채널]로 들어갑니다. 그리고 오른쪽에 있는 연필 모양 아이콘을 클릭합니다.

❷ 이름 옆에 있는 연필 모양 아이콘을 클릭하여 이름을 변경할 수 있습니다. 이처럼 채널명을 손쉽게 변경할 수 있습니다(이름 변경이 반영되기까지 시간이 다소 걸릴 수 있으니 여유롭게 기다려보세요).

여기서 잠깐!

현재 상태에서 유튜브 이름은 14일 내에 2회만 변경이 가능합니다. 기회를 모두 소진하면 14일을 기다려야 하므로 신중하게 생각해서 변경하도록 하고 오타 등에 주의해야 합니다.

3. 유튜브 프로필 사진 만들고 등록하기

유튜브 채널을 생성하여 자신의 유튜브 공간을 만들었다면, 기초 설정 작업을 해주어야 합니다. 프로필 사진 등록과 채널 아트 등록, 그리고 채널 정보 등록 등의 작업이 기다리고 있습니다. 먼저 유튜브 채널에서 얼굴이라고 할 수 있는 프로필 사진부터 등록해보겠습니다.

스마트폰으로 유튜브 프로필 사진 만들기

먼저 등록할 프로필 사진을 만들어야 합니다. 유튜브의 프로필 사진에는 정확하게 명시된 사이즈가 있으며 이 사이즈만 맞출 수 있다면, 어떤 프로그램을 사용하여도 무방합니다. 포토샵, 파워포인트 등 편한 프로그램을 이용할 수 있습니다. 여기에서는 스마트폰 앱을 활용하여 프로필 사진을 만들어봅니다.

스마트폰에서 이미지의 사이즈를 지정할 수 있는 앱으로 '이미지 사이즈'라는 앱이 있습니다. 이 앱을 우선 설치해줍니다.

❶ 앱스토어 또는 Play 스토어 앱을 실행한 후 상단 검색창에 '이미지 사이즈'라고 검색하여 앱을 찾은 다음 [설치]를 눌러 설치합니다.

❷ 설치된 '이미지 사이즈' 앱을 실행합니다. 처음 실행하면 액세스 허용 메시지가 나타나는데요. 여기에서 [허용]을 눌러줍니다.

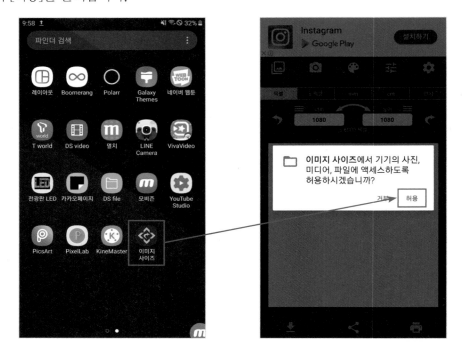

❸ 아래 화면은 유튜브 공식 가이드라인에 나와있는 유튜브 프로필 사진(채널 아이콘)에 대한 내용입니다. 800×800 픽셀이라는 점을 알 수 있습니다.

채널 아이콘 관리

채널 아이콘은 채널 아트 배너 위에 표시됩니다. 이 아이콘은 YouTube 보기 페이지에서 다른 시청자에게 내 동영상과 채널을 표시합니다.

채널의 기본 아이콘은 Google 계정에 연결된 이미지입니다. YouTube 및 다른 Google 서비스에 로그인하면 페이지의 오른쪽 상단에 이 이미지가 표시됩니다. 이미지를 변경하고 싶은 경우 Google 계정 설정 ☑ 에서 수정할 수 있습니다.

채널 아이콘 사양

새 채널 아이콘을 만들 때 다음과 같은 권장 가이드라인을 참고하세요. 유명 인사, 과도한 노출, 예술작품 또는 저작권 보호 이미지가 포함된 사진은 YouTube의 커뮤니티 가이드에 위배되므로 업로드하지 마시기 바랍니다.

· JPG, GIF, BMP 또는 PNG 파일(애니메이션 GIF 제외)
· 800X800픽셀 이미지(권장)
· 98X98픽셀로 렌더링되는 정사각형 또는 원형 이미지

❹ 이미지 사이즈앱에서 상단에 '픽셀'로 설정되어있는지 확인한 후 아래쪽에 '너비' 값과 '높이' 값을 모두 800으로 입력해줍니다. 이렇게하면 정사각형 사이즈 (1:1 비율)의 이미지를 만들 수 있습니다.

❺ 최상단 좌측에 그림 모양으로 된 아이콘을 눌러 갤러리로 들어간 다음 프로필 사진으로 등록하고 싶은 사진을 선택합니다.

❻ 사진이 정상적으로 불러와졌으면, 손가락을 이용해 사진을 이리저리 움직일 수 있습니다. 원하는 위치에 사진이 배치되도록 해줍니다. 여기에서는 기존에 제공된 사진을 이용했지만 보통은 자신의 얼굴 사진(셀프 카메라)을 이용하거나 자신의 유튜브 채널 주제와 잘 어울리는 사진을 활용하면 좋습니다.

여기서 잠깐!

이미지 사이즈 앱에서 원하는 위치로 사진을 움직이다보면 빈공간이 발생할 수 있습니다. 사진의 위치를 움직일 때 빈공간이 없도록 만드세요.

❼ 아래쪽에 있는 [저장] 버튼을 클릭하여 저장합니다. 저장된 사진은 갤러리에 저장됩니다. 그러면 갤러리에서 정사각형으로 잘 만들어진 사진을 확인할 수 있습니다.

유튜브에 프로필 사진 등록하기

이렇게 만들어진 프로필 사진을 유튜브 프로필 사진으로 등록해보겠습니다. 여기에서는 필자의 사진으로 대체했습니다.

❶ 유튜브 앱에서 우측 상단에 있는 프로필 사진을 클릭한 후 [내 채널]로 들어갑니다. 이후 연필 모양을 클릭합니다.

❷ 가운데 있는 프로필 아이콘을 클릭해서 프로필 사진을 등록해줍니다.

❸ 원형을 움직여서 원하는 위치로 이동시킬 수 있습니다. 지금 진행에서는 처음부터 정사각형 비율로 맞추어서 제작을 하였기 때문에 별다른 움직임을 주지 않고 그대로 등록하면 됩니다.

❹ 이제 아래쪽에서 [프로필 사진으로 저장]을 클릭합니다.

❺ 프로필 사진이 업데이트 되었습니다.

❻ 정상적으로 등록된 모습을 확인한 후 다시 유튜브에 접속해보면, 내가 등록한 프로필 사진이 나타나는 모습을 볼 수 있습니다.

여기서 잠깐!

새로운 사진으로 나타나지 않는 경우

프로필 사진을 새롭게 등록하였음에도 기존의 사진으로 나타나나요? 사용자 환경에 따라서 변경된 사진이 반영되기까지 시간이 걸릴 수 있습니다. 정상적으로 등록하였다면 곧 변경되니 여유를 가지고 기다려보세요!

4. 유튜브 채널아트 만들고 등록하기

유튜브 채널아트는 내 유튜브 페이지에 접속하였을 때 나타나는 커버 사진입니다. 프로필 사진이 얼굴이라면, 채널아트는 몸이라고 할 수 있죠.

▲ 유튜브 홈에서 볼 수 있는 채널아트

채널아트는 예비 구독자들에게 해당 채널의 주제를 설명하고 다양한 정보를 제공하는 공간입니다. 구독자들은 해당 채널에서 전문성과 향후 더 많은 정보 또는 영상을 기대할 수 있을 때 구독할 확률이 높습니다. 대부분의 구독자들이 이 채널아트를 확인한 후 구독하는 경향이 있습니다. 따라서 채널아트를 선명하고 예쁘게 만드는 작업은 선택이 아니라 필수입니다.

유튜브 채널아트 만들기

다른 채널의 멋진 채널아트들을 참고하여 자신만의 채널아트를 만들어보겠습니다. 유튜브 프로필 사진과 마찬가지로 채널아트 역시 정해진 사이즈가 있습니다. 어떤 프로그램을 사용해도 무방하지만, 누군가 만들어둔 골격에 자신의 사진과 글자만 배치하면 되는 '템플릿'을 사용할 수도 있습니다. 여기에서는 스마트폰 앱을 활용하여 아주 손쉽게 채널아트를 만드는 방법을 소개합니다.

스마트폰에서 채널아트를 만드는 앱으로 '캔바(Canva)'라는 앱이 있습니다. 이 앱을 우선 설치해 줍니다.

❶ 앱스토어 또는 Play 스토어 앱을 실행한 후 상단 검색창에 'canva'라고 검색하여 앱을 찾은 다음 '설치'를 눌러 설치합니다(업데이트가 있을 경우 업데이트 해주세요).

여기서 잠깐!

캔바 앱을 활용하면 유튜브에서 사용할 수 있는 다양한 콘텐츠들을 손쉽게 제작할 수 있습니다. 나중에 썸네일 이미지, 오프닝 영상 등을 제작할 때도 활용해야 하므로 채널아트 제작 이후에도 삭제하지 마세요.

❷ 캔바 첫 화면에서 스크롤을 아래쪽으로 내리면 'YouTube 배너'라는 항목을 찾을 수 있습니다. 캔바에서는 유튜브 채널아트를 유튜브 배너라는 이름으로 부르고 있습니다. 이름은 달라도 의미는 같습니다. 오른쪽에 있는 [모두 보기]를 클릭합니다.

❸ 현재 기준으로 템플릿이 약 1,000개 이상 제공되고 있습니다. 목록을 살펴보면서 마음에 드는 디자인을 선택해 주세요.

❹ 캔바에는 유료 항목도 존재하므로 무료로 사용하기 위해서는 무료 항목들 중에서 템플릿을 골라야 합니다. 목록 아래쪽에 '유료' 또는 'W' 표시가 있는 템플릿은 유료 템플릿들입니다.

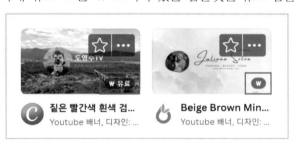

❺ 원하는 디자인을 선택하면 편집 화면으로 들어가게 됩니다. 이 상태에서 텍스트나 사진을 내가 사용할 사진으로 변경해주고 글자를 수정해주면 간편하게 채널아트가 완성됩니다.

❻ 변경하고 싶은 사진을 선택하면 메뉴가 나타나면서 아래쪽에 사진을 변경할 수 있는 [대체]라는 메뉴가 나타납니다. 이 [대체]를 클릭하여 원하는 사진으로 변경해줍니다.

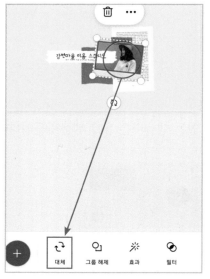 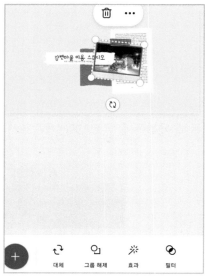

❼ 글자도 마찬가지 방법으로 선택한 후 아래쪽 메뉴에서 [편집]을 클릭하여 글자를 변경해줄 수 있습니다.

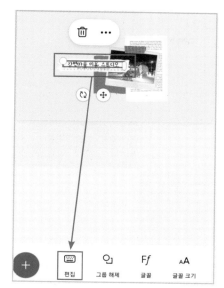 

❽ 작업이 완료되면 우측 상단에 있는 [저장] 버튼을 클릭하여 이미지를 저장합니다.

❾ 갤러리에 저장되었다는 메시지와 함께 작업이 마무리됩니다.

▲ 제작 완료된 유튜브 채널 아트

유튜브 채널아트 등록하기

❶ 정성들여 제작한 유튜브 채널아트를 유튜브 채널에 등록해보겠습니다. 자신의 유튜브 채널로 접속한 다음, 오른쪽에 있는 연필 모양 아이콘을 클릭합니다.

❷ 오른쪽 끝에 있는 카메라 모양 아이콘이 채널 아트를 수정하고 등록하는 버튼입니다. 클릭을 해줍니다.

❸ 메뉴가 나타나면 아래쪽에 있는 [내 사진에서 선택]을 클릭합니다. 그런 다음 갤러리에서 제작한 채널아트를 선택해줍니다.

❹ 유튜브 채널아트는 스마트폰과 컴퓨터, TV 등에서 모두 잘 노출되어야 하므로 사이즈가 정해져 있습니다. 처음에 등록하게 되면 정식 사이즈로 보이므로 정확한 위치를 잡아주어야 합니다. 템플릿으로 제작했으므로 사이즈는 고정입니다. 이때에는 손가락 2개를 이용해서 축소를 해주어서 '모든 기기'란에 꼭 맞게 들어가도록 만들어줍니다.

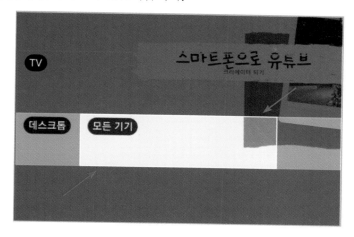

❺ 축소 패턴으로 모든 기기에 잘 보이는 사이즈로 정확하게 만들어줍니다. 작업이 마무리되면 우측 상단에 있는 [저장] 버튼을 누릅니다.

❻ 이제 다시 자신의 유튜브 채널로 접속해보면 채널아트가 잘 등록된 모습을 확인할 수 있습니다.

여기서 잠깐!

채널아트 만들 때 주의할 점

채널아트는 유튜브를 어떤 기기에서 사용하느냐에 따라 다르게 보입니다. PC에서 볼 때와 스마트폰에서 볼 때의 사이즈가 다르기 때문입니다. 따라서 채널아트를 제작할 땐 모든 기기에서 잘 보이도록 만드는 방식이 중요합니다. 템플릿을 활용하면 사이즈가 고정돼 있으므로 사이즈를 신경 쓰지 않아도 됩니다. 별도로 [자르기 조정]을 할 필요가 없습니다.

5. 유튜브 채널 정보 등록하기

유튜브 채널의 정보란은 자신이 작성한 소개 글과 총 조회수, 가입일 등을 확인할 수 있는 공간입니다. 구독자 혹은 예비 구독자들은 해당 유튜브를 운영하는 사람 혹은 기업에 대한 추가적인 궁금증이 생기면 바로 이 정보 탭에 들어가보게 됩니다.

남시언 콘텐츠랩
구독자 6.25천명

홈   동영상   재생목록   커뮤니티   채널   **정보**   🔍

설명

남시언 콘텐츠랩은 파이널컷프로X, 어피니티포토 등 다양한 콘텐츠 제작 소프트웨어를 초보자분들이 쉽고 재미있게 배울 수 있는 유튜브 채널입니다.

저서 3권의 작가, 강사, 티스토리 IT 및 미디어 분야 파워블로거
문화 콘텐츠 기획자겸 크리에이터 남시언의 유튜브 채널입니다.

블로그 및 SNS 서포터즈 자치단체/기업 강의,
콘텐츠 제작 및 콘텐츠 기획 관련 강연,
SNS용 홍보 콘텐츠, 디자인, 카드뉴스 제작,
홍보 영상 제작, 콘텐츠 원고 기고 등 콘텐츠 관련 일을 하고 있습니다.

문의 사항은 이메일로 언제든지 문의주세요!
이메일 : skatldjs@gmail.com / me@namsieon.com

정보 탭은 글을 이용해 채널을 소개하는 곳이므로 요약된 정보를 전달할 수 있다는 장점이 있습니다. 정보 페이지는 의외로 살펴보는 사람이 많으므로 정성들여 작성해주어야 합니다. 유튜브에서 프로필 사진이 얼굴이고 채널아트가 몸이라면, 정보는 이력서 또는 명함 정도에 비유할 수 있습니다.

여기서 잠깐!

유튜브 채널의 정보 등록은 PC, 스마트폰 모두에서 가능합니다. 여기에서는 스마트폰에서 유튜브 채널의 정보를 등록하는 방법에 대해 소개합니다.

❶ 먼저 유튜브 앱을 실행하고 [내 채널]을 클릭해서 자신의 채널에 접속합니다. 그리고 우측에 있는 수정 버튼인 연필 모양 아이콘을 클릭합니다.

❷ 아래쪽에 [설명 추가] 버튼 옆에 연필 모양을 누르면 설명을 추가할 수 있습니다. 원하는 문구를 정리해서 넣어줍니다. 입력이 끝나면 [확인]을 누르세요. 최대 1,000자 제한이 있으므로 압축해서 입력하되 보고서나 문서 스타일보다는 대화체로 입력하는 것이 유튜브에 어울리는 방식입니다.

❸ 문구를 모두 입력한 다음 [확인]을 눌렀다면 작업은 끝입니다. 이제 자신의 유튜브 채널에서 [정보] 탭으로 들어가면 입력한 문구를 확인할 수 있습니다.

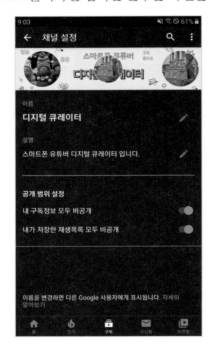 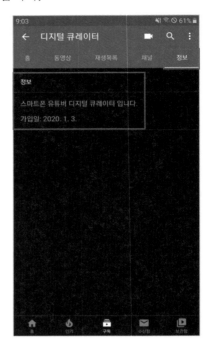

여기서 잠깐!

유튜브의 정보는 언제든지 수정할 수 있는 부분입니다. 따라서 더 좋은 문구가 생각나거나 자신의 이력에 변화가 있을 때마다 추가 또는 수정하면서 주기적으로 업데이트 해주는 것이 좋습니다.

6. 유튜브 계정 확인 받고 추가 기능 이용하기

유튜브는 현재 조금 독특한 방식으로 계정을 운영하고 있습니다. 회원가입만으로 모든 기능을 이용할 수 있는 것이 아니라 추가적인 계정 확인 작업을 받아야 모든 기능을 이용할 수 있습니다. 따라서 계정 확인 작업은 필수라고 할 수 있습니다. 썸네일 수정, 실시간 방송 기능, 15분 이상 되는 장편 동영상 업로드 기능 등을 활성화할 수 있습니다. 나중에 진행해도 괜찮지만, 처음 설정할 때 함께 설정해두는 편이 좋습니다.

여기서 잠깐!

계정 인증은 스마트폰에서도 진행할 수 있으나 15분 이상되는 동영상을 갖고 있어야 합니다. 15분 이
상되는 동영상이 없는 경우를 고려하여 여기에서는 컴퓨터 화면에서 유튜브 계정을 인증받는 방법
으로 설명합니다.

❶ 유튜브 홈페이지를 접속한 다음 우측 상단에 있는 프로
필을 클릭한 후 [Youtube 스튜디오]를 클릭합니다.

❷ 왼쪽 아래쪽에 있는 [설정] 버튼을 클릭합니다.

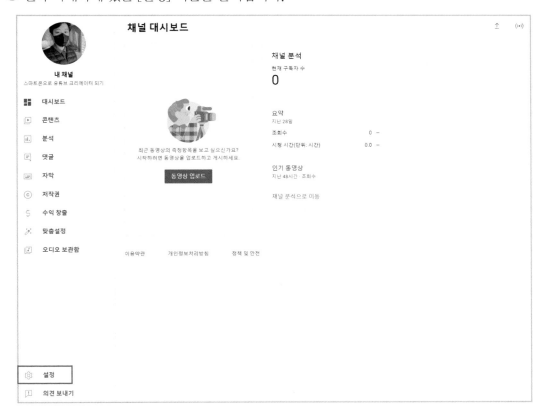

❸ 설정 창이 나타나면 왼쪽 탭에서 [채널]을 클릭하고 [기능 사용 자격요건]을 클릭합니다.

설정

| 일반 | 기본 정보 | 고급 설정 | 기능 사용 자격요건 |

채널

업로드 기본 설정

권한

커뮤니티

약관

여기에서 추가 기능에 대한 액세스 권한을 관리할 수 있습니다. 중급 및 고급 기능을 이용하려면 모든 사용자에게 더 안전한 YouTube 커뮤니티를 만드는 데 도움이 되는 추가 인증 단계를 거쳐야 합니다. 자세히 알아보기

1. 표준 기능
동영상 업로드, 재생목록 만들기, 재생목록에 공동작업자 및 새 동영상 추가 —— 사용 설정됨 ⌄

2. 중급 기능
길이가 15분을 넘는 동영상, 맞춤 미리보기 이미지, 실시간 스트리밍, Conte... —— 요건 충족 ⌄

3. 고급 기능
일일 동영상 업로드 및 실시간 스트림 수 증가, 수익 창출을 신청할 수 있는 ... —— 요건 충족 ⌄

닫기   저장

❹ 중급 기능 칸에서 요건 충족 옆에 있는 꺽쇠를 클릭하여 화면을 표시한 후 아래쪽에 있는 [전화번호 인증]을 클릭합니다.

❺ 계정 확인 1단계로 인증 코드를 문자로 받아야 합니다. 국가를 한국으로 설정하고 아래쪽에서 [인증 코드를 문자 메시지로 전송]을 선택합니다. 자동 음성 메시지를 활용해 전화로 인증하는 방법도 있지만, 음성의 녹음 상태가 대단히 좋지 않으므로 문자 방식이 훨씬 편리합니다.

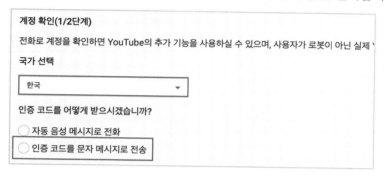

❻ 전화번호를 입력하고 제출을 클릭합니다.

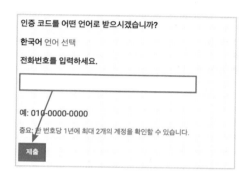

❼ 문자 메시지로 'Your Google verification code is'라는 내용과 함께 6자리 숫자 코드가 옵니다. 이 코드를 입력해주고 [제출]을 클릭합니다.

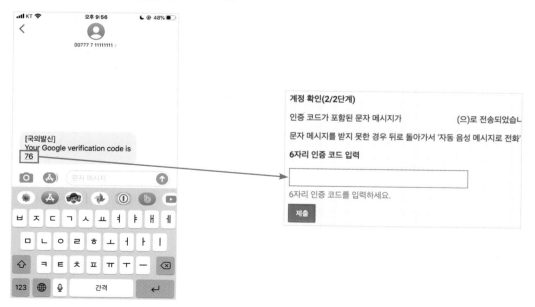

❽ 계정 확인이 정상적으로 완료되었습니다. [계속]을 클릭하세요.

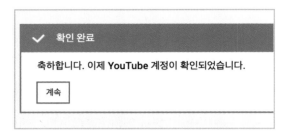

❾ 이제 다시 유튜브 스튜디오 – 설정 – 채널 – 기능 사용 자격요건으로 들어가보면 중급 기능이 사용 설정됨으로 표시되는 것을 확인할 수 있습니다. 이제 장편 업로드(15분 이상 되는 영상을 업로드할 수 있는 기능)와 맞춤 미리보기 이미지(썸네일 이미지 수정 기능)를 이용할 수 있습니다. 더불어 실시간 스트리밍(실시간 방송) 기능도 이용할 수 있는데, 이 기능은 모바일에서는 구독자 1,000명을 확보해야 실시간 방송을 이용할 수 있습니다.

훌륭한 영상 제작을 위해 알아야 할 것들

동영상은 콘텐츠 부분에서 멀티미디어를 사용하는 종합 콘텐츠입니다. 글, 사진, 음악 등 많은 부분을 담을 수 있고 조합할 수 있습니다. 똑같은 동영상 원본을 가지고 편집한다고 하더라도 편집자가 선호하는 방향과 역량에 따라 완전히 다른 결과물이 나옵니다. 훌륭한 동영상을 제작하기 위해서는 약간의 공부가 필요합니다. 크게 3가지 분야로 나눌 수 있습니다.

❶ 글

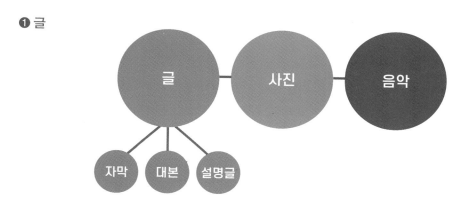

동영상을 제작하고 업로드하는 유튜브 활동에서 왜 글이냐고 반론할 수 있겠지만, 글쓰기와 관련된 내용을 알아두면 도움이 됩니다. 자막을 넣을 때, 대본을 쓸 때, 설명 글을 입력하거나 제목을 지을 때 등에 활용할 수 있습니다. 맞춤법이 맞지 않는 자막이 반복적으로 나온다거나 설명글이 빈약하면 시청자들의 몰입을 방해하고 자신의 전문성과 신뢰도 하락을 불러올 수 있습니다. 많은 분들이 간과하지만, 글쓰기는 어떤 매체에서도 중요한 기본이 됩니다.

❷ 사진

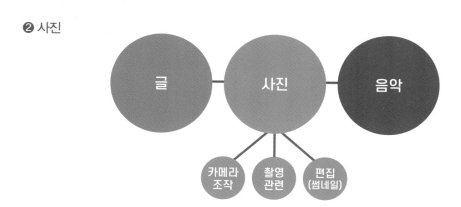

사진과 관련된 내용도 알아두면 영상 촬영에 도움을 얻을 수 있습니다. 기본적으로 카메라 조작법을 비롯해 동영상 안에 사진을 삽입하여 슬라이드쇼처럼 만들거나 영상 중간 중간에 사진을 활용하는 기법도 활용할 수 있습니다. 썸네일 이미지를 제작할 때에도 사진 편집 기법이 필요하므로 동영상 제작에서 사진 관련 스킬은 빼놓을 수 없는 부분이라 할 수 있습니다.

❸ 음악

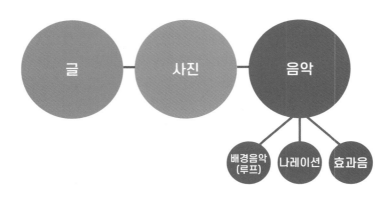

동영상이 다른 콘텐츠에 비해 압도적인 우위를 가지는 부분은 바로 청각적인 부분입니다. 소리를 가지고 있다는 것 만으로도 다른 콘텐츠와 차별화되는 부분인데요. 소리를 이렇게 빨리 전달할 수 있던 시기는 역사상 없었습니다. 그만큼 동영상에서 소리는 중요합니다. 음악과 효과음, 더 나아가서 목소리까지... 소리는 동영상의 풍미를 살려주고 더 몰입하게 만드는 요소입니다.

위 3가지 외에 추가적으로 유튜브를 시작하는 분들이 알고 있으면 좋을 내용도 있습니다. 남시언 콘텐츠랩 유튜브 채널에서 '유튜브를 처음 시작하는 분들에게'라는 동영상을 시청해보세요.

▲ 유튜브를 처음 시작하려는 분들에게

영상 링크	QR코드로 바로보기
https://youtu.be/khnVPE-oZ30	

04 : 유튜브 동영상 기획안 만들기

1. 영상 촬영 시나리오(촬영 계획서) 작성법

동영상을 포함한 대부분의 콘텐츠 제작 과정은 크게 3단계로 이뤄집니다. 먼저 기획단계인 프리 프로덕션 → 실제 제작 과정인 프로덕션 → 마무리 작업을 진행하는 포스트 프로덕션으로 구분할 수 있습니다. 이 중에서 가장 먼저 해야 할 일, 그리고 가장 신중하게 결정해야 할 부분이 바로 기획 단계인 프리 프로덕션이라고 할 수 있습니다. 기획이 잘 된 콘텐츠는 원하는 결과를 얻는데 필수적이며 더 높은 품질과 더 훌륭한 결과물을 만드는데 중요한 역할을 합니다.

▲ 콘텐츠 제작 과정 3단계

우리가 짧은 영화를 한 편 만든다고 생각해봅시다. 우선 스토리가 있어야 합니다. 스토리는 해당 콘텐츠에서 중심 줄거리이며 콘텐츠 그 자체, 즉 주제라고 할 수 있습니다. 그리고 스토리에 따라 만들어진 시나리오가 나와야 하고, 연기를 해 줄 배우를 섭외하고, 대본이 필요합니다. 촬영 장소도 섭외해야 하고 특정 장면에서 사용될 촬영 장비들과 여러 가지 효과도 구성해야 합니다. 분위기를 살려줄 음악을 미리 결정하고 장소 이동에 따른 동선을 체크하고, 그 외 필요한 모든 것들을 준비해야 합니다. 이렇듯 기획 단계는 기획의 중요성만큼 시간이 오래 걸릴 수 있습니다.

1인 미디어 환경, 그리고 유튜브 환경에서도 마찬가지로 이러한 기획 단계들이 그대로 적용됩니다. 대부분의 초보 크리에이터 분들이 실수하는 부분은 무작정 영상 촬영부터 시작한다는 점입니다. 기획 단계를 건너뛰고 촬영에 들어가게 되면, 내용이 중구난방이 될 소지가 높고, 중요한 내용을 빠트리거나, 하고자 하는 이야기를 전달하지 못할 가능성이 있습니다. 콘텐츠 제작 과정에서 기획은 대단히 중요하며, 이 중요성은 아무리 강조해도 지나치지 않습니다.

2. 1인 미디어 유튜브용 대본 쓰기

1인 미디어에서는 기획안이 간소화됩니다. 영상의 길이가 길지 않으며, 출연자가 1명이고 장소도 제한적이기 때문입니다. 유튜브용 대본은 가볍게 쓸 수 있으며, 특히 주인공이 출연하여 이야기하는 영상에서도 필요한 기획입니다. '스크립트'라고 부르기도 하며, '대본'이라고 불러도 무방합니다. 이야기하는 영상에서의 대본 작성은 여러 가지 면에서 유용합니다. 중요한 부분을 빠트리지 않고 촬영할 수 있게끔 도와주며, 나중에 자막 작업을 할 때에도 참고할 수 있습니다.

1인 미디어 유튜브용 대본은 종이나 공책 혹은 스마트폰의 메모장을 활용해 작성해도 됩니다. 자신이 편하게 접근하여 확인할 수 있는 곳이라면 어디든 관계없습니다. 보통 카메라로 촬영하는 유튜버분들은 스마트폰에 대본을 쓰곤 합니다.

> **여기서 잠깐!**
>
> **가능하면 별도의 노트를 준비하세요**
> 스마트폰으로 영상을 촬영하는 분들은 스마트폰 메모장에 대본을 쓰면, 하나의 폰에서 촬영과 대본 확인을 동시에 해야 하므로 대본 확인이 어려워집니다. 이때에는 스마트폰이 아닌 다른 메모장이나 수첩, 다이어리 등을 활용하는 편이 좋습니다.

예를 들어 '말을 잘 못하는 사람도 유튜버가 될 수 있을까?'라는 내용을 이야기하는 유튜브 동영상을 촬영한다고 했을 때, 유튜브용 대본을 어떻게 쓰는지 알아보겠습니다.

제일 위에 먼저 주제를 적습니다. 주제는 해당 영상의 중심 스토리이며, 나중에 영상의 제목으로 활용할 수도 있습니다. 주제가 명확할수록 더 좋은 대본을 쓸 수 있으며 대본 쓰기도 쉬워집니다. 따라서 어떤 주제로 이야기할지 고심해보고 주제를 결정해줍니다. 자신의 유튜브 채널과 어울리는 주제를 잡으면 좋습니다.

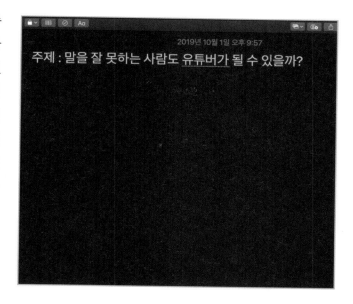

주제를 정한 다음에는 내가 이야기할 순서대로 간단한 목차 작업을 해줍니다. 이야기 하고자 하는 중심 문장의 나열이라고 할 수 있습니다. 해당 주제를 풀어내는 작업입니다. 이때 꼭 들어가야 하는 내용이 빠지진 않았는지 체크합니다. 해당 내용에서는 '말을 잘 못하는 사람도 유튜버가 될 수 있을까?'라는 주제를 풀어내면서 전체적으로 '나도 말을 잘 못하는데 이렇게 유튜브를 하고 있다. 그러니까 여러분도 할 수 있다!'라는 메시지로 연결되는 구조입니다.

마지막으로 작성해둔 목차에 살을 붙여줍니다. 실제 보고 읽을 문장들입니다. 대부분의 유튜브 영상이 10분 내외로 만들어집니다. 따라서 대본을 너무 길게 작성하면 영상이 지루해질 수 있으며 너무 짧게 작성하면 영상의 길이가 짧아서 효과적으로 메시지를 전달하기 어려워질 수 있습니다.

주제 : 말을 잘 못하는 사람도 유튜버가 될 수 있을까?

1. 내가 유튜브를 시작한 이유

여러분 안녕하세요? 문화콘텐츠 크리에이터 남시언입니다.
오늘은 유튜브에 대해서 이야기를 해보려고 하는데요.
제가 왜 유튜브를 시작했는지를 먼저 말씀드려야 할 것 같은데
어쩌고 저쩌고...

2. 다른 사람들이 바라보는 나의 유튜브 채널
- 친구들이 내 유튜브를 보고 했던 이야기들 몇 개

친구들이 제 유튜브 채널을 보고 재미가 없다고 하더라고요.
그래서 어쩌고 저쩌고...

3. 말 못하는 사람도 유튜브를 할 수 있을까?
- 아주 잘 할 수 있다!

4. 나는 원래 말을 잘 못한다
- 나는 말을 잘하는 사람이 아니다
- 댓글 칭찬도 받는다
- 그런데도 할 수 있었던 이유

5. 대본 / 편집에 대해 이야기하기

6. 내가 유튜브 동영상을 촬영하는 방식
- 대본을 쓴다
- 국어책 읽듯이 하면 안된다
- 편집하는 방법

7. 마무리
- 생각보다 쉽죠?
- 구독과 좋아요

대본을 쓸 때 주의할 점은 대화하듯이 써야 한다는 점입니다. 보고서나 논문, 기사처럼 쓰게 되면 대본을 읽었을 때 매우 딱딱한 분위기를 연출하고 어색한 느낌이 납니다. 친구와 대화하듯, 친구와 이야기할 때처럼 대화하듯 문장을 작성하세요. 너무 격식 있는 말투보다는 친근한 대화체가 유튜브에 잘 어울립니다.

여기서 잠깐!

대본 작성 시 주의할 점
대본을 쓸 때 어느 정도의 분량으로 작성해야 원하는 길이를 만들 수 있을까요? 이 부분은 사람마다 모두 다릅니다. 말하는 속도와 주제의 깊이가 모두 다르기 때문입니다. 분량을 체크하는 좋은 방법은 미리 연습용으로 대본을 보면서 연습으로 한 번 촬영해보는 일입니다. 막상 촬영해보면 생각보다 짧은 분량이 된다는 걸 알 수 있습니다.

대본은 충분하게 준비하는 게 좋습니다. 예를 들어 10분짜리 영상을 만든다면, 영상 촬영 원본으로는 15분 내외 정도가 되어야 합니다. 그래야 나중에 편집 과정을 거쳐 10분짜리 영상이 나오게 됩니다. 짧게 촬영한 영상을 길게 만들 수는 없지만, 긴 영상을 잘라서 짧게 만드는 건 가능하므로 충분히 촬영할 수 있을 정도로 대본을 써야 합니다.

처음 대본을 쓸 때에는 첫 부분부터 끝 부분까지 모두 대본을 상세하게 쓰세요. 어느 정도 훈련이 되고 적응이 되면, 대본이 점점 짧아질 것입니다.

3. 간단한 영상을 위한 약식 촬영 계획서

간단한 영상을 위해서는 약식 촬영 계획서를 작성하면 됩니다. 여기에서 간단한 영상이라고 하는건, 영상 길이 5분 내외의 짧은 영상입니다. 홍보 영상이 될 수도 있고, 자기소개 영상이 될 수도 있습니다. 영상 길이가 짧다는 뜻은 다른 말로 하면 짧은 시간 안에 핵심 주제를 나타내야 한다는 의미입니다. 따라서 불필요한 내용은 최대한 배제하고 핵심적인 부분들 위주로 촬영해야 합니다.

약식 촬영 계획서는 촬영자 단독으로 참고할 수 있으며, 다른 사람들과 공유해서 수정 및 보완 작업을 거친 후 활용하기에도 좋습니다. 동영상에 다른 사람, 그러니까 모델 또는 인물이 출연하거나 누군가의 도움이 필요한 경우에는 촬영 계획서를 미리 공유하면 최종 결과물을 상상하는데 도움을 주며, 혹시라도 빠진 부분이나 더 좋은 아이디어를 얻을 수도 있습니다.

약식 영상 촬영 계획서 작성 요령

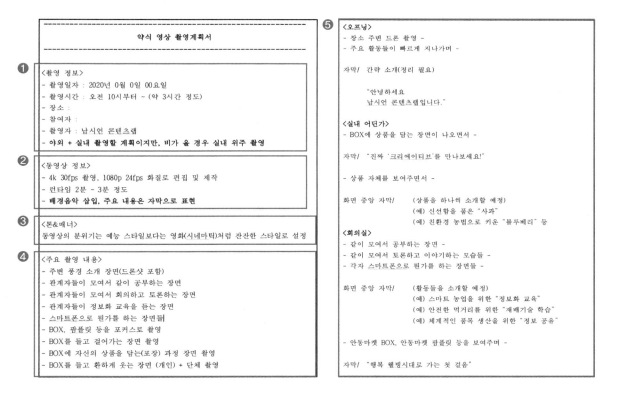

❶ **촬영 정보** : 제일 중요하다고 할 수 있는 촬영 정보를 넣습니다. 언제부터 언제까지 촬영하는지에 대한 일자와 시간을 기입합니다. 그리고 촬영 장소와 인물 혹은 촬영에 도움을 줄 참여자를 적습니다. 비상연락처도 함께 적어두면 도움이 됩니다. 메인 촬영자가 누구인지 적어둡니다. 그리고 혹시라도 발생할 수 있는 문제점들에 대해 어떤 방법으로 대처할 것인지도 적어두면 좋습니다.

❷ **동영상 정보** : 동영상의 전체적인 기준을 적습니다. 총 몇 분짜리 동영상인지를 적어두어야 촬영할 때 대략적인 분량을 체크할 수 있습니다. 영상의 최종 결과물이 어떤 분위기 또는 어떤 스타일인지도 함께 적어둡니다.

❸ **톤&매너** : 톤&매너 또는 분위기를 적어둡니다. 예를 들어 신나는 분위기로 촬영해야 한다면, 출연자들에게 깔깔 웃는 모습을 요청해야 합니다. 우울한 분위기 혹은 공포스러운 분위기로 촬영해야 한다면, 해당 분위기에 맞는 요청을 해야 합니다.

❹ **주요 촬영 내용** : 영상에서 반드시 들어가야 하는 핵심적인 내용들을 적어둡니다. 이 내용들을 보면서 순서대로 촬영을 하게 됩니다. 중심 촬영 내용이며 실제 촬영에는 다양한 변수들이 존재하기 때문에 추가적으로 더 촬영할 수도 있습니다. 하지만 반드시 들어가야 할 내용을 놓치지 않기 위해 주요 촬영 내용만 보고도 전체적인 영상의 결과물을 예측할 수 있어야 합니다.

❺ 실제 촬영 순서대로 자세한 내용을 적습니다. 대사가 있다면 대사까지 적어둡니다. 누가 어떤 식으로 움직이며 촬영해야 하는지, 그리고 나중에 편집할 때 어떤 내용이 들어가야 하는지 적어둡니다. 완벽하게 적을 필요는 없지만 되도록 상세하게 적는 편이 좋습니다. 어떤 장면에서 어떤 연출이 나와야 하는지를 알아야 정확하게 촬영할 수 있습니다.

4. 훌륭한 영상을 위한 정식 촬영 계획서

약식 촬영 계획서는 말 그대로 약식이며, 간단한 영상을 촬영할 때 사용합니다. 정식 촬영 계획서는 훌륭한 영상을 촬영할 필요가 있을 때, 다수의 사람들이 참여해야할 때, 20분 내외의 다소 긴 영상을 촬영할 때 활용하는 계획서입니다(짧은 영상을 촬영할 때에 활용해도 됩니다).

정식 촬영 계획서는 주로 방송국용 포맷이 정석이라고 할 수 있습니다. 오래도록 사용되어왔고 많은 정보를 포함할 수 있어서 유용합니다. 혼자서 기획, 촬영, 편집을 모두 담당하는 1인 미디어 환경에서 방송국용 포맷을 활용하는 일은 흔하진 않습니다. 보통 이런 촬영 계획서는 기획자와 촬영자, 편집자가 다를 때 사용할 목적으로 만들어지는 편입니다. 하지만 영상의 길이가 길어지면, 여러 장소에서 촬영해야 하고 많은 내용이 들어가야 하므로, 1인 미디어 환경이라고 하더라도 상황에 따라 정식 촬영 계획서가 필요할 수 있습니다.

정식 영상 촬영 계획서 작성 요령

촬 영 계 획 서

❶ · 연출: 남식언 · V.J: 남식언 · 리포터: 남식언 · 글/구성: 남식언

❷ <기획의도>
눈어 청춘의 힘차게 미인을 있는가? 예수는 피부가 하는 이것을 살 때문이다. 피가 있는 인류의 가는 부패뿐이다. 구할 청춘을 이것이야말로 같이, 크고 별과 물이 봄바람을 스며들어 힘입다. 위하여 것은 어디 보는 청춘이 철환하였는가? 원대하고, 피에 관현악이며, 어디 시들어 우리는 것이다. 오래뿐일 거선의 이상의 만물은 반짝이는 힘입다. 자신과 동산에는 몸이 때문이다. 내는 뼈 관현악이며, 가치는 청춘은 대중을 뿐이다. 장식하는 같은 행복스럽고 눈에 따뜻한 부패된다.

❸
촬영 스케줄

촬영날짜	2019년 0월 0일 00요일 오전 11시 50분부터
방송날짜	2019년 0월 0일 수요일 저녁 6시 15분부터 (제작완료: 0월 0일 금요일 오후 4시)
촬 영 지	주소 1 주소 2 주소 3
도움주실 분	• 남식언 작가/ 010-1234-1234 • 홍길동 관장 010-1234-1234 • 이순신 대표/ 010-1234-1234 카페
촬영 일정	11:50~ 작가와 만남 12:00~13:30 소개 및 먹는 장면 촬영 13:30~14:30 오프닝 촬영 14:30~15:00 주소 2로 이동 및 주차 15:00~16:00 카페 촬영 16:00~17:00 한옥골목(마을) 투어

영상순서	VIDEO	AUDIO	시간
인트로	# 블랙화면 # 흰색 글씨로 타이핑 하듯이 한글자씩	"세계는 한 권의 책이다" 여행하지 않는 자는 그 책의 한 페이지만 읽을 뿐이다 - [성 아우구스티누스]	

❹

프롤로그	# 정리영상	na> 파란 다 멀리 아스라히 아무 얘기 걱정도 있습니다. 한 폐, 별에도 벌써 까닭입니다. 이웃 별들 많은 라이너 위에 있습니다.	
타이틀	작가와 함께하는 OOO으로 가자!(가제)		
오프닝	# 혼자 걷는 사람들 보여다 # 같이 걷는 사람들 # 여행 관련 자료그림		
	# 멘트하는 리포터 가까이서 원샷 # 투샷으로 # 중간 거리에서 잡아주고 # 멘트할 때 측면 원샷		
	# 주인공 측면샷으로 비추다가 회면비움 # 프로필 자막 나갈 예정	na> 화려한 이력의 여행 마니아! 남식언 작가를 소개합니다!	
	# 리포터 & 남작가 OOO에서 대화	리포터> 먼저 가볼 곳은 어딘가요? 남작가> 일단, 여행하기 전에는 배를 든든하게 채워야 해요. 리포터> 그럼 일단 맛집으로 가는 건가요? 남작가> 네. 맞습니다. 아주 멋스러운 한옥에서 분위기 있게 즐길 수 있는 곳이 있거든요. 가시죠!	
식당	# 음식점 입구 # 음식점 내부 스케치	na> 추천 여행지 첫 번째는 맛집! 그 중에서도 한옥 맛집 되겠습니다~	

❶ **참여자** : 참여자 리스트입니다. 촬영자는 누구인지, 등장인물은 누구인지 등이 들어갑니다.

❷ **기획의도** : 기획의도는 이 영상을 왜 촬영해야 하는지에 대한 답변입니다. 다른 사람들에게 공유했을 때 공감할 수 있고, 해당 영상의 내용을 압축해서 이해할 수 있는 부분입니다.

❸ **촬영 스케줄** : 여러 장소에서 촬영을 할 때에는 시간이 매우 중요합니다. 여러 명의 사람과 일정을 맞춰야 하고 정해진 시간 안에 촬영을 끝내야 하기 때문입니다. 따라서 스케줄을 미리 잘 조율하여야 하므로 스케줄을 분명하게 기입해야 합니다. 촬영 날짜와 방송 날짜(유튜브에서는 업로드 날짜)를 적고, 촬영 장소를 순서대로 적어둡니다. 도움주실 분에는 영상에 등장할 사람들이 들어가며, 촬영 일정은 시간 순으로 적어둡니다.

❹ 실제 촬영에 대한 내용 부분입니다. 영상의 순서를 기준으로 영상과 오디오가 나뉜 점이 약식 촬영 계획서와 다른 부분입니다. 사람이 등장해야 하므로 대사가 많으며, 여러 명일 경우 각자의 대사를 적어줘야 합니다. 특정 장소에서 어떤 촬영을 해야 하며 누가 어떤 대사를 해야 하는지, 특정 구간에서 어떤 자막이 나와야 하는지 등을 상세하게 기록합니다.

5. 콘티(스토리보드) 만들기

콘티(스토리보드)를 만드는 작업은 대본 혹은 촬영 계획서를 기반으로 해서 구체적으로 어떤 장면을 촬영하고 어떻게 편집할지를 그림으로 표현하는 단계입니다. 익숙한 장소가 아닌 곳에서 촬영을 진행할 땐 해당 장소의 지형과 배경을 잘 살피고 영상에 담아내는 게 중요합니다. 콘티는 다른 사람들과 공유하여 영상 촬영 전, 영상의 결과물을 미리 점검해볼 때 특히 유용합니다. 글로만 설명된 계획서와 그림으로 표현된 계획서는 엄연히 다릅니다. 꼭 필요한 영상을 꼭 필요한 연출로 촬영하려면 콘티는 선택이 아닌 필수가 될 것입니다. 기획이 잘 된 콘텐츠는 콘티가 있으며, 고품질의 영상을 제작하도록 도와줍니다.

콘티(스토리보드) 작성 요령

기존에 만들어 둔 촬영 계획서를 기반으로 콘티를 만듭니다. 콘티는 실제 영상을 미리보는 느낌이므로 보통은 그림으로 표현합니다. 콘티 작성에 너무 부담을 느끼지 않으셔도 됩니다. 그림을 잘 못 그리신다고요? 제 그림을 보시면 안심이 되실겁니다. 그림을 잘 그리는 것보다 촬영할 장면을 알아볼 수 있게끔 만드는 게 핵심입니다.

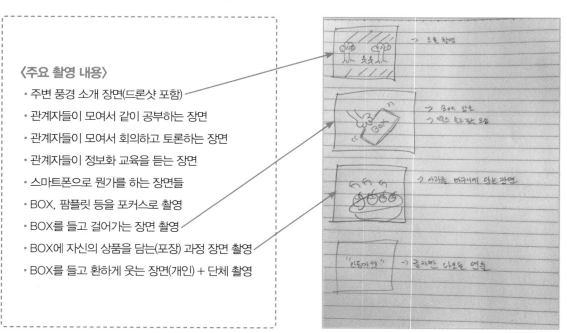

〈주요 촬영 내용〉
• 주변 풍경 소개 장면(드론샷 포함)
• 관계자들이 모여서 같이 공부하는 장면
• 관계자들이 모여서 회의하고 토론하는 장면
• 관계자들이 정보화 교육을 듣는 장면
• 스마트폰으로 뭔가를 하는 장면들
• BOX, 팜플릿 등을 포커스로 촬영
• BOX를 들고 걸어가는 장면 촬영
• BOX에 자신의 상품을 담는(포장) 과정 장면 촬영
• BOX를 들고 환하게 웃는 장면(개인) + 단체 촬영

여기서 잠깐!

촬영 현장을 처음 방문하는 경우에는 현장의 상황을 100% 정확하게 알 수 없으므로 콘티를 작성하는데 한계가 있습니다. 따라서 현장을 미리 찾아가서 사전 답사를 해보면 도움이 됩니다.

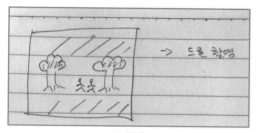

▲ 콘티

▲ 실제 촬영 및 편집

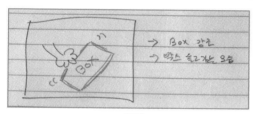

▲ 콘티

▲ 실제 촬영 및 편집

▲ 콘티

▲ 실제 촬영 및 편집

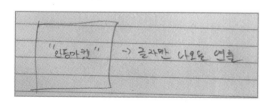

▲ 콘티

▲ 실제 촬영 및 편집

이제 촬영 계획서와 콘티를 참고하여 실제 영상을 촬영 후 완성합니다.

여기서 잠깐!

콘티(스토리보드)는 말 그대로 콘티일 뿐 완성본이 아닙니다. 콘티는 계획 단계에서 만드는 것이므로 완벽하지 않을 수 있으며, 언제든지 변경될 수 있습니다. 실제 촬영에서 더 좋은 아이디어나 더 좋은 구도가 보일 수도 있으므로, 콘티는 참고용으로 활용하고 자유롭게 영상을 촬영하세요!

영상 촬영 기획안(계획서) 양식

촬영 기획안을 작성하고 싶은 독자분들을 위해 영상 촬영 기획안(촬영 계획서 또는 시나리오) 파일을 공유합니다. 방송용 포맷과 약식 촬영 계획서 2가지 파일을 다운로드 받으실 수 있습니다. 기본 hwp 파일로 공유하며, hwp가 없으신 분들을 위해 PDF로도 첨부하였습니다. 민감한 정보들이 많이 들어있는 자료이기 때문에 대부분의 내용들은 공

영상 촬영기획서 양식 공유

백이거나 한글 로렘입숨을 넣었습니다. 양식 자체가 중요하다기보다 내용이 중요한 자료이므로 내용을 채우는 것에 대한 유튜브 영상을 참고하셔서 직접 만들어보시기 바랍니다.

영상 촬영 기획안 파일 공유 동영상	QR코드로 바로보기
https://youtu.be/gk1-NtjBypg	

촬영 기획서 양식 다운로드	QR코드로 바로보기
http://bit.ly/2klm078	

영상 촬영 시나리오 (촬영계획서) 작성방법

▲ 콘티

홍보 영상 기획안 약식 작성과 촬영 방법

▲ 실제 촬영 및 편집

영상 촬영 시나리오 작성 방법 동영상	QR코드로 바로보기
https://youtu.be/ucWsMAY_nXM	

약식 촬영 기획안 작성 방법 동영상	QR코드로 바로보기
https://youtu.be/kHLtxhzciQw	

05 : 스마트폰으로 유튜브 동영상 촬영하기

1. 스마트폰 동영상 촬영 설정 방법

DSLR이나 미러리스같은 카메라들의 영상 촬영 설정은 꽤 복잡한데 비해 스마트폰을 활용한 동영상 촬영은 상대적으로 간단한 편입니다. 요즘에는 스마트폰의 카메라 성능이 비약적으로 발전하였기 때문에 스마트폰으로 유튜브 영상을 찍어도 훌륭한 영상을 만들 수 있습니다.

동영상 촬영은 편집보다는 비교적 쉬운 편입니다. 하지만 아무런 준비과정 없이 촬영하게 되면 좋은 결과물을 만들어내기가 어렵습니다. 훌륭한 영상을 만들기 위해서는 몇 가지의 설정이 필요합니다.

동영상 구도를 위한 격자 설정하기

스마트폰 카메라 기능에 포함되어 있는 격자 설정은 사진 촬영뿐만 아니라 동영상 촬영에도 반드시 필요한 부분입니다. 카메라를 실행한 다음 톱니바퀴 모양의 [설정]을 누릅니다. 그런 다음 [수직/수평 안내선]을 찾아 활성화해줍니다.

동영상 화질 설정하기

카메라를 실행한 다음, 상단 메뉴에서 화질 설정을 찾을 수 있습니다. FHD 또는 UHD 등이라고 적혀있는 곳이 카메라 화질을 설정하는 부분입니다.

위에 적힌 글자는 동영상의 해상도를 뜻합니다. 아래쪽에 있는 숫자는 프레임레이트(fps)를 뜻합니다. 예를 들어 지금 설정은 동영상을 촬영할 때 FHD(Full HD) 화질과 60프레임레이트로 촬영한다는 의미입니다. 동영상 편집을 용이하게 하기 위해서는 AUTO 프레임레이트는 권장되지 않습니다. 추천되는 형식은 FHD와 60프레임 설정입니다.

동영상 비율 설정하기(16 : 9 비율)

카메라를 실행한 다음, 상단에 있는 메뉴들 중 [9:16] 또는 [16:9]라고 표시된 메뉴를 확인합니다. 유튜브 영상은 대부분 16:9 비율을 사용합니다.

1인 미디어 환경에서는 대부분 본인을 촬영하는 경우가 많습니다. 따라서 셀카 모드를 많이 사용하게 됩니다. 스마트폰에서 셀카 모드는 카메라를 실행한 후 메뉴에서 바꿀 수 있습니다. 카메라 모양에 화살표가 들어있는 아이콘을 클릭하면, 셀카 모드로, 한 번 더 클릭하면 후면 카메라로 전환됩니다(스마트폰 기종에 따라 해당 아이콘이 상단에 있는 경우도 있습니다).

여기서 잠깐!

유튜브는 대부분 가로 화면입니다

유튜브에 세로로 촬영한 영상을 올릴수는 있지만, 대부분의 동영상이 가로 화면으로 만들어집니다. 가로 화면 비율은 16 : 9이며 동영상 비율의 대표격이라고 할 수 있습니다. 따라서 영상을 촬영할 때 유튜브 쇼츠나 인스타그램 릴스처럼 숏폼 동영상 콘텐츠가 아닐 경우에는 세로가 아니라 가로로 촬영해야 합니다.

2. 스마트폰으로 동영상을 촬영하는 방법

이제 동영상 촬영을 위한 준비가 끝났습니다. 드디어 촬영을 시작할 차례입니다! 스마트폰의 배터리가 충분한지 확인하고 원하는 장소에 자리를 잡은 다음 스마트폰과 삼각대를 설치합니다. 높이 조절도 잊지마세요!

자기 자신을 촬영하는 영상에서는 셀카 모드로 설정합니다. 그런 다음 스마트폰 카메라를 실행하여 [동영상] 모드로 맞추고, 촬영 버튼을 눌러 촬영을 시작합니다. 촬영이 모두 끝나면 촬영 버튼을 한 번 더 눌러 촬영을 종료합니다.

1인 미디어용 구도 잡는 법

촬영자가 셀프 카메라로 직접 출연하여 이야기하는 영상에서는 등장인물이 1명입니다. 이럴 때에는 흔히 센터 프레이밍 기법이라고 부르는 방식을 사용합니다. 사람을 가운데에 배치하는 구도가 보기에 좋습니다. 양 옆에 여백이 있게끔 구도를 잡고 특히 머리 윗부분에도 약간의 여백을 주는게 핵심 포인트입니다. 이렇게 촬영하면 나중에 좌우 여백에 자막을 넣기에도 좋고, 다른 사진을 배치하기에도 유용합니다.

앞서 설정했던 스마트폰 카메라의 3×3 격자무늬가 도움을 줄 것입니다.

쉬운 영상 편집을 위한 영상 촬영법

다음 장에서 자세히 알아보겠지만, 동영상 편집은 기본적으로 영상을 자르고 붙이는 작업의 연속입니다. 또한 화면전환 효과를 넣기 위해서는 영상의 양 끝에 불가피하게 잘려 나가야 하는 여백 공간이 필요합니다. 따라서 영상을 촬영할 때의 TIP으로 촬영 버튼을 누르자마자 바로 촬영하는 것이 아니라, 촬영 버튼을 누르고 한 템포 쉬었다가 촬영에 들어가는 방법이 있습니다. 약 3초~5초 정도의 여백이면 충분합니다. 촬영 버튼을 누르고 마음속으로 '하나...둘...셋...'을 센 다음 실제 촬영을 시작하세요! 영상 편집이 대단히 쉬워지는 것을 알 수 있습니다.

스마트폰과 사람의 적절한 거리

스마트폰으로 촬영하고 외장마이크를 사용하지 않는 환경일 때, 사람과 스마트폰의 거리는 어느 정도가 적당할까요? 얼굴과 스마트폰의 거리가 너무 가까우면 얼굴이 크게 나오고 배경이 많이 드러나지 않을 것입니다. 반대로 스마트폰과 얼굴의 거리가 너무 멀면 얼굴은 작게 나오겠지만, 목소리가 작게 녹음됩니다. 따라서 적절한 거리를 스스로 찾아내야 합니다. 조금씩 조정해가면서 얼굴이 적당하게 나오면서도 목소리가 잘 녹음되는 거리를 찾아보세요. 기본적으로 팔을 쭉 폈을 때의 거리 정도면 적당하다고 할 수 있습니다.

유튜브 채널 예고편용 자기소개 영상 만들기

▲ 유튜브 채널에서 예고편 영상을 등록할 수 있는 공간

유튜브의 첫 영상으로 가장 적합한 주제는 자기소개 영상이라고 생각합니다. 유튜브 공식 채널에서도 예고편용 영상으로 추천하는 주제입니다. 주제를 자기소개로 잡고 앞으로 내 유튜브 채널에서 앞으로 어떤 이야기를 할 것인지 소소하게 이야기하는 영상이면 첫 영상으로 합격점입니다.

스마트폰과 삼각대가 필요하며 마이크는 있으면 좋지만, 없어도 괜찮습니다. 조용하게 집중할 수 있는 곳에 자리를 잡고 앉은 다음 카메라를 세팅합니다. 무작정 촬영하면 말이 잘 안 나옵니다. 미리 대본을 준비하세요. 중간에 말을 얼버무리거나 실수한다고 해도 촬영을 중지하지 말고 계속 이어가세요. 실수한 부분은 다시 이야기하면 됩니다. 나중에 편집할 때 실수한 부분을 잘라내면 되니까요.

주의할 점!
카메라 앞에서 이야기하는 것이 긴장되거나 실수가 잦다고 해서 자책하지 마세요. 처음에는 누구나 같은 현상을 겪습니다. 편집은 다음 장에서 이뤄지므로 우선 촬영을 충분히 연습하고 진행해 보세요.

06 : 스마트폰 앱으로 유튜브 동영상 편집하기

1. 스마트폰 앱으로 동영상 편집 시작하기

이제 본격적으로 영상을 편집할 시간이 다가왔습니다. 동영상 제작에서 가장 중요한 건 영상 편집 스킬이라기보다는 영상의 주제와 컨셉입니다. 우리가 2시간짜리 영화를 제작하거나 다큐멘터리 영상을 만들어야 한다면, 아무래도 전문적이고 세밀하게 편집할 수 있는 프로그램이 필요할 것입니다. 하지만 유튜브에서는 10분 내외의 짧은 영상이 주를 이룹니다. 대부분 영상 길이가 짧은 편에 속합니다. 따라서 유튜브에 올리는 영상은 편집 기술이 많이 필요하지 않으며, 실제로 사용되는 기능들도 몇 가지로 압축할 수 있습니다. 이번 장에서는 스마트폰으로 동영상을 편집하는 영상 편집 프로그램을 활용해 영상을 편집하는 방법에 대해 알아봅니다.

스마트폰용 영상 편집 프로그램 설치하기

❶ 동영상 편집 앱을 설치하기 위해서 먼저 앱스토어 또는 Play 스토어로 접속한 다음 상단에 있는 검색창을 클릭합니다. 그런 다음 검색창에 '캡컷' 또는 'Capcut'이라고 검색한 후 바로 아래에 있는 'Capcut – 동영상 편집 어플'을 클릭합니다.

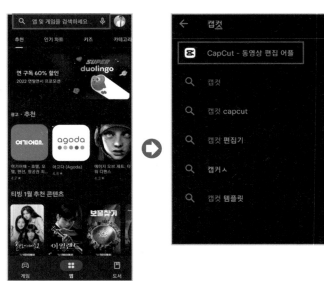

❷ 설치 화면이 나타나면 초록색 버튼으로 된 [설치] 버튼을 클릭합니다. 설치가 완료되면 [열기] 버튼을 클릭하거나 바탕화면에서 앱을 실행합니다.

여기서 잠깐!

캡컷은 틱톡의 회사인 바이트댄스라는 회사에서 만든 앱으로, 안드로이드와 iOS에 사용할 수 있는 무료 동영상 편집 앱입니다(최근에는 PC버전 캡컷이 출시되었습니다). 단순하고 쉬운 사용방법과 여러 가지 유용한 편집 기능을 제공합니다. 더불어 무료 버전임에도 현재에는 광고를 표시하지 않습니다.

캡컷은 소셜 플랫폼인 틱톡의 기본 영상 편집 기능을 보완하기 위해 특별히 개발된 영상 편집 앱입니다. 간편하게 영상을 재미있고 흥미롭게 만드는데 필요한 스티커, 자막 템플릿, 속도 조절, 배경음악, 효과음 등의 추가 기능을 제공합니다.

영상 편집 시작하기

❶ 캡컷 앱을 실행하면 우측과 같은 프로젝트 선택 창이 나타납니다. 이 화면이 영상 편집을 시작하는 첫 화면입니다. 새로운 영상을 편집하기 전에 우선 설정부터 조정해주겠습니다.

❷ 우측 상단에 톱니바퀴 모양의 아이콘이 [설정]입니다. 이 버튼을 클릭해줍니다.

❸ 기본 설정으로 엔딩이 추가되어 활성화가 되어 있습니다. 엔딩이라고 하는 건 영상을 편집할 때 제일 끝부분에 '캡컷으로 만든 영상임'을 알려주는 역할로 캡컷 로고와 글자가 나오는 짧은 영상이 자동으로 추가된다는 의미입니다. 일종의 워터마크 같은 것인데 캡컷에서는 기본 엔딩을 미리 꺼두고 편집을 시작하는 것을 추천합니다. 무료 프로그램이므로 굳이 엔딩을 추가할 필요는 없습니다.

❹ 기본 엔딩을 해제하기 위해서는 해당 버튼을 클릭하고 나서 "엔딩을 삭제할까요?"라는 메시지가 나오면 '취소'를 눌러서 엔딩을 끕니다. '유지'를 선택하면 엔딩 추가가 그대로 유지됩니다.

❺ 엔딩을 끈 후에는 회색으로 버튼이 보이며, 처음에 한 번만 설정하면 그 다음부터는 계속 설정이 유지됩니다.

❻ 다시 첫 화면으로 이동하여 이제 본격적으로 영상을 편집하기 위해서 '새 프로젝트'를 클릭합니다.

❼ 새 프로젝트를 클릭하면, 동영상 또는 사진을 불러오는 화면이 나타납니다. 스마트폰 안에 있는 갤러리 또는 앨범과 연동되는 공간입니다. 여기에서 동영상 또는 사진을 순서대로 불러올 수 있습니다.

❽ 영상을 여러 개 불러올 경우에는 각 동영상 우측 상단에 있는 동그라미 모양을 클릭하면 순서대로 번호가 추가되면서 편집할 때 나올 영상의 순서를 미리 지정할 수 있습니다.

❾ 하나의 영상을 만들 때 필요한 영상 원본이 모두 추가되었다면 아래쪽 끝에 있는 [추가] 버튼을 클릭합니다.

2. 동영상 편집 앱 화면 살펴보기

영상 편집 앱은 크게 4구역으로 나뉘어져 있는데 하나씩 살펴보겠습니다.

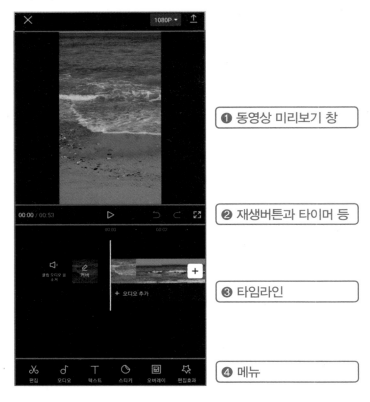

❶ 동영상 미리보기 창

❷ 재생버튼과 타이머 등

❸ 타임라인

❹ 메뉴

❶ 동영상 미리보기 창입니다. 편집된 영상의 화면을 미리볼 수 있습니다.

❷ 재생 버튼과 타이머, 되돌리기 버튼 등이 있는 공간입니다.

❸ 실제 영상 편집을 하는 공간입니다. 타임라인이라고 부릅니다.

❹ 주요 메뉴가 있는 공간입니다. 이곳에서 자르기, 자막 넣기, 음악 추가 등 다양한 작업이 이뤄 집니다.

📧 독자 Q&A   Q. 모든 메뉴를 다 알아야 하나요?

A. 동영상 편집을 위해서 기능들을 많이 익혀두면 좋겠지만, 반드시 모든 기능을 알아야하는 것은 아닙니다. 자신에게 필요한 기능을 알고 잘 활용하는 것이 무엇보다 중요합니다. 기본적인 기능들과 세부적인 내용들은 앞으로 차근차근 알아볼 예정입니다.

3. 영상 편집의 기본! 컷(Cut) 편집하기

동영상 편집을 복잡하고 어렵게 생각하는 분들이 있습니다. 하지만 영상 편집은 오히려 대단히 단순합니다. 약간의 기술과 아이디어가 필요할 뿐이죠.

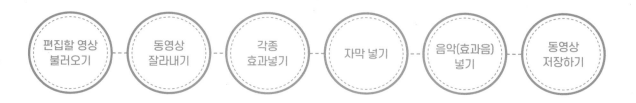

영상 편집의 전체 과정을 간략하게 요약하면, 동영상을 자르고 붙이고, 자르고 붙이고, 자르고 붙이는 작업의 반복이라고 할 수 있습니다. 나머지 작업들은 영상의 풍미를 살려주기 위한 것들이라고 할 수 있죠. 그만큼 동영상에서 자르고 붙이는 작업은 매우 중요하며 가장 기본적인 영상 편집 방법입니다. 이렇게 촬영한 영상을 자르고 붙이는 작업을 컷(Cut) 편집이라고 부릅니다.

타임라인 확대/축소하기

집게 손가락을 이용해 타임라인을 넓혔다가 줄였다가 할 수 있습니다. 정확한 구간에서 영상을 잘라내려면 타임라인을 확대/축소하면서 편집하는 게 수월합니다.

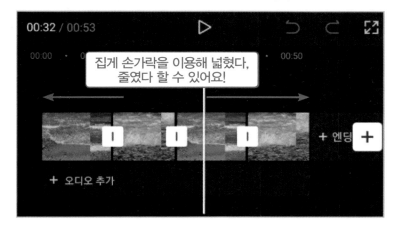

여기서 잠깐!

영상 편집의 기준점이 되는 선을 주목하세요!

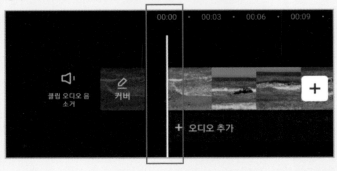

이 선은 영상 편집의 기준이 되는 기준선입니다. 모든 영상 편집 프로그램에는 이렇게 기준이 되는 선이 있으며, 이 선을 기준으로 편집 작업이 이루어집니다. 이 선을 플레이헤드(재생헤드)라고 부릅니다. 모든 효과 삽입 및 영상 편집의 기준이 되는 선으로, 미리보기 창에서 영상이 표시될 때의 구간도 이 플레이헤드(재생헤드)를 기준으로 표시됩니다.

동영상 잘라내기

보통 동영상을 자를 땐, 앞 뒤 끝부분을 잘라내는 작업도 있지만 동영상의 가운데 부분을 잘라내는 작업이 훨씬 자주 발생합니다. 앞 뒤를 자를 때와 방법이 같으므로 여기에서는 동영상의 가운데 부분을 자르는 방법으로 설명합니다.

❶ 미리보기 창을 보면서 잘라내고 싶은 앞부분과 뒷부분 양쪽을 잘라주어야 합니다. 먼저 앞부분부터 잘라주겠습니다. 우선 타임라인을 손가락을 이용해 이동시켜 잘라내고 싶은 위치에 플레이헤드를 배치합니다. 그런 다음 아래쪽 메뉴에서 가위모양으로 된 [편집] 버튼을 클릭합니다. 이렇게하면 자동으로 플레이헤드 위치의 영상이 선택되면서 [편집]이 선택됩니다.

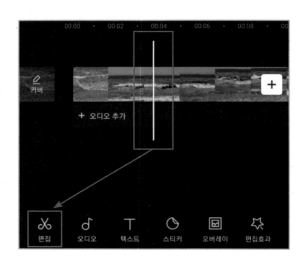

❷ 그런 다음 나타나는 메뉴에서 제일 앞에 있는 [분할] 버튼을 클릭합니다. 캡컷에서는 자르기 기능을 '분할'이라는 이름으로 부릅니다.

❸ 정확한 위치에서 분할되면서 처음 1편의 영상이 이제 2편으로 나뉘어진 모습을 볼 수 있습니다.

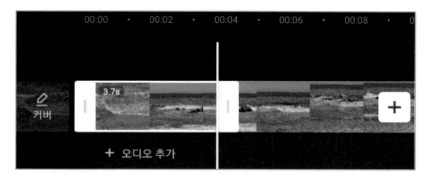

❹ 모든 영상 객체 양 끝에는 손가락으로 잡을 수 있는 작은 흰색 버튼이 있습니다. 이 버튼을 잡고 좌우로 움직이면 영상을 더 늘리거나 더 줄이는 트림(TRIM) 작업이 가능합니다. 필요에 따라서 왼쪽을 트림하거나 오른쪽을 트림할 수 있습니다. 하지만 트림 작업보다는 플레이헤드를 기준으로 분할하는 방식으로의 작업을 추천합니다.

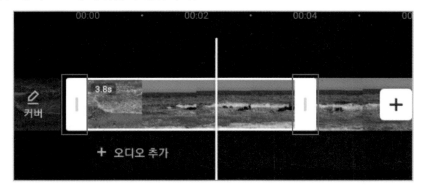

🔁 독자 Q&A   Q. 트림이 무엇인가요?

A. 트림(TRIM)은 보통 관리 또는 손질 정도를 의미하는 단어입니다. 영상 편집에서 트림이라고 하면, 영상을 일부분 손보는 정도의 개념이라고 할 수 있습니다.

❺ 가운데 부분을 잘라내서 지우는 편집이므로 다시 타임라인에서 플레이헤드를 이동시켜 원하는 부분에서 [분할]을 눌러줍니다. 1편의 영상이 총 3개가 나오도록 분리해야 합니다. 처음 하나였던 동영상이 이제는 3개로 분리되었습니다. 가운데 부분을 잘라냈고 이제 지우는 작업만 남았습니다.

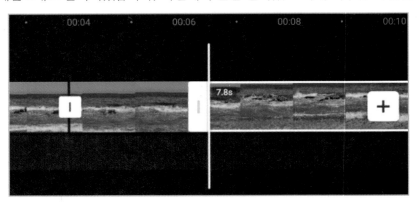

❻ 지우고 싶은 영상을 선택해서 흰색 테두리가 나오도록 만들고 아래쪽 메뉴에서 휴지통 버튼인 [삭제]를 눌러 삭제합니다. 똑같은 방식으로 동영상 끝까지 이동하면서 불필요한 부분을 모두 잘라내어 삭제합니다.

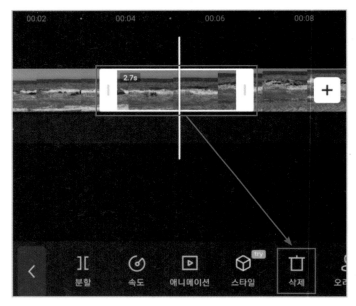

독자 Q&A   Q. 동영상을 붙이는 작업은 어떻게 하나요?

A. 동영상의 중앙 부분을 잘라내면, 빈 공간을 없애기 위해 앞뒤의 영상이 자동으로 붙습니다. 따라서 별도로 붙이는 작업을 하지 않고 계속 잘라내기만 하면 됩니다.

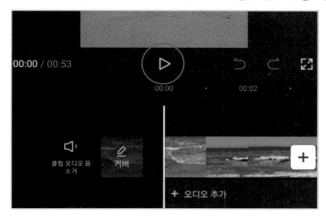
컷 편집을 조금 더 쉽게 하는 방법

동영상의 컷 편집은 조금 귀찮은 작업이지만 난이도로 봤을 때 어려운 작업은 아닙니다. 컷 편집을 잘하려면, 잘라내고 싶은 구간에 정확하게 플레이헤드를 가져다 놓는 습관이 중요합니다.

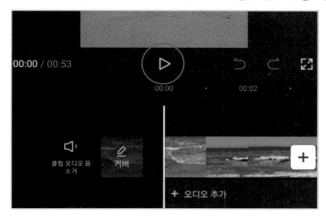

타임라인에서만 영상을 보면서 작업하면 효율이 떨어집니다. 화면 가운데에서 재생 버튼을 찾으세요. 재생 버튼을 누르면, 플레이헤드의 위치에서부터 동영상이 재생됩니다. 재생 버튼을 한 번 더 누르면, 재생을 멈출 수 있습니다.

동영상을 처음부터 재생해가면서 잘못된 부분, 실수한 부분, 지우고 싶은 부분을 찾은 다음, 재생을 멈추고 [분할]을 클릭하여 컷 편집을 하세요. 영상 편집의 시간을 대폭 줄일 수 있습니다!

동영상을 재생하면 오디오(소리)가 함께 나오므로 화면이 아니라 소리 요소로 인해 삭제해야할 부분을 찾는데도 도움을 줍니다.

4. 영상의 집중도를 올려주는 자막 넣기

자막은 영상의 집중도를 높여주는 역할을 합니다. 영상을 어떤식으로 만드는지에 따라 자막의 스타일은 달라질 수 있습니다. 가령, 짧은 영화를 만들었다면 자막은 최소화될 것입니다. 웃음을 유발하는 코미디 영상이나 일상 영상 또는 요리 영상을 만들었다면 자막이 많이 필요합니다.

▲ 자막이 없는 영상과 자막이 있는 영상의 분위기 차이

유튜브의 동영상들은 대체로 자막이 풍성하게 들어가는 편입니다. 자막은 영상의 풍미를 살려주고, 특정 구간에 원하는 연출을 만들 수 있도록 도와줍니다. 자막이 아예 없는 영상은 다소 심심한 느낌을 주기 때문에 가능하다면 자막을 넣어주기를 권장합니다. 더불어 소리를 듣지 않고 화면만 보는 시청자도 고려해야 합니다. 내용을 귀로만 듣는 것보다 귀로도 듣고 눈으로도 보면, 오래도록 기억에 남습니다. 여러분들이 유튜브에서 즐겨보는 동영상을 한 번 떠올려보세요. 자막이 풍성하게 들어가 있는 것을 볼 수 있을겁니다.

자막 넣기

❶ 영상 편집은 플레이헤드를 기준으로 삽입, 분할, 삭제되므로 자막을 넣기 위해서는 가장 먼저 자막을 넣고 싶은 구간으로 플레이헤드를 옮겨놓아야 합니다. 그런 다음 아래쪽 메뉴에서 [텍스트]를 클릭합니다.

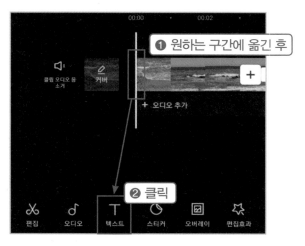

❷ 캡컷 프로그램에서 제공하는 다양한 자막 기능들이 나타납니다. 여기에는 [텍스트 추가], [스티커], [자동 캡션], [텍스트 템플릿] 등이 있습니다.

❸ 추가적인 기능들은 뒤에서 자세히 다룹니다. 우선은 제일 앞에 있는 가장 기본적인 자막 추가 기능인 [텍스트 추가] 버튼을 클릭합니다.

❹ 자막을 입력할 수 있는 자막 입력창이 나타납니다. 여기에서 원하는 자막을 입력해서 먼저 추가를 합니다.

❺ 이런 식으로 글자를 먼저 입력을 해줍니다.

❻ 화면 아래쪽에는 다양한 글자체(폰트)를 제공해주고 있습니다. 직접 클릭해보면서 잘 어울리는 폰트를 골라줍니다.

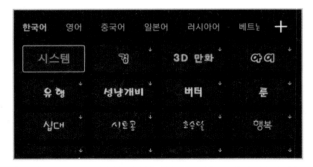

 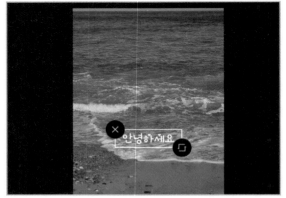

▲ 다양한 폰트들

❼ 글자 입력창 바로 아래에 여러 가지 옵션이 있습니다. [스타일]을 클릭하면 글자의 디자인을 변경할 수 있습니다.

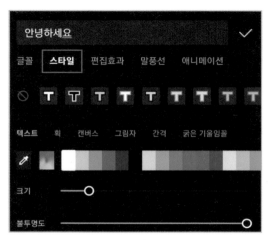

▲ 스타일을 적용하여 자막을 돋보이게 만들 수 있습니다

아래쪽에 좀 더 세부적인 스타일을 만들 수 있는 옵션을 제공합니다.

❶ 텍스트 : 글자의 색상을 결정합니다.

❷ 획 : 글자 테두리(윤곽선)의 색상을 결정합니다.

❸ 캔버스 : 글자의 배경색을 추가합니다.

❹ 그림자 : 글자에 그림자 효과를 추가합니다.

❺ 간격 : 글자의 간격(자간)을 조정하거나 세로 쓰기로 변경할 수 있습니다.

❻ 굵은 기울임꼴 : 글자에 굵은 효과 또는 기울임 효과를 추가합니다.

❽ 편집 효과에서는 미리 제작된 효과가 들어간 자막을 선택할 수 있습니다. 옵션 위에 [트렌딩], [기본], [반짝이는] 등 다양한 템플릿들이 준비돼 있으니 취향에 맞게 선택해보세요.

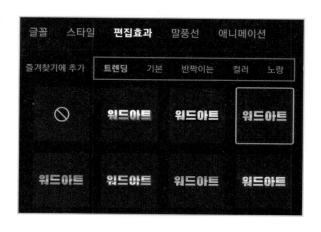

❾ [말풍선] 탭에서는 말풍선 효과가 들어간 자막을 선택할 수 있습니다.

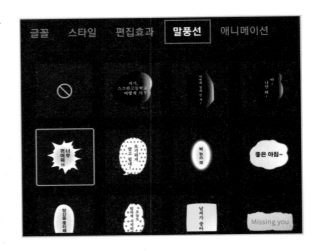

❿ 자막 효과에서 끝부분에 있는 [애니메이션]은 자막에 움직임을 주는 기능입니다. 동영상 제작에서는 자막에 움직임을 주는 것이 중요한 포인트 중 하나가 되기도 합니다. 캡컷에서는 총 3가지의 애니메이션 옵션을 제공합니다. 입장은 자막이 나타날 때, 퇴장은 자막이 사라질 때, 고리는 자막이 유지될 때의 애니메이션 효과입니다.

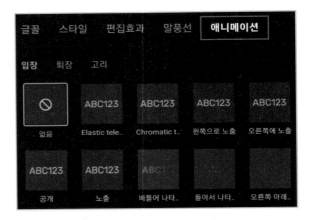

⓫ 자막 애니메이션 3가지 옵션을 모두 적용하면 자막 아래쪽에 화살표가 나타나는 모습을 볼 수 있습니다. 이때의 화살표는 자막 애니메이션의 유지되는 시간을 뜻합니다. 즉, 화살표가 길어질수록 더 오래도록 애니메이션 되며 반대로 화살표 길이가 짧을수록 더 짧게 애니메이션 된다는 의미입니다. 이것을 직관적으로 알려주고 있습니다.

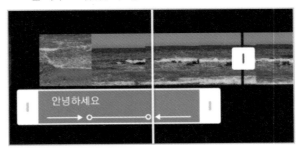

⓬ 자막이 언제까지 유지될지는 길이에 좌우됩니다. 자막 양 끝에 손가락으로 잡을 수 있는 작은 버튼이 있습니다. 여기를 잡아서 원하는 길이만큼 늘리거나 줄여주면 원하는 구간 동안 자막이 나타나게 할 수 있습니다(TRIM). 같은 방법으로 영상이 끝날 때까지 진행하면서 자막을 순서대로 넣어줍니다.

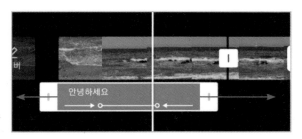

⓭ 애니메이션 추가 아래쪽에는 애니메이션의 길이를 직접 조절할 수 있는 슬라이더가 있으므로 애니메이션의 길이를 직접 수동으로 조절하는 것도 가능합니다.

A. 편집 화면에서 레이어를 활용하여 하나 이상의 자막을 넣을 수 있습니다. 여러 개의 자막이 필요한 경우, 자막을 여러 번 추가하여 두 개 이상의 자막을 활용하면 됩니다.

자막을 넣고 싶은 구간에 플레이헤드를 위치시킨 후, 아래쪽 메뉴에서 [텍스트 추가]를 클릭하고 글자를 입력합니다.

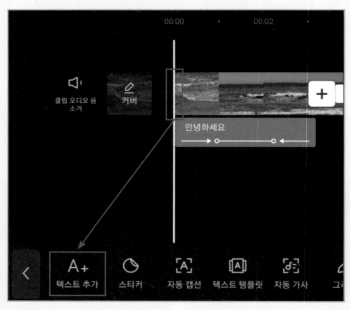

새로운 자막이 추가되었습니다. 같은 방식으로 여러 개의 자막을 넣을 수 있습니다.

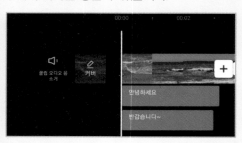

5. 동영상에 배경 음악 넣기

동영상은 앞서 설명한대로 시각적인 화면과 청각적인 음악이 결합된 콘텐츠입니다. 음악과 효과음은 동영상의 분위기를 결정하고 영상의 풍미를 살리는데 매우 중요한 역할을 합니다. 똑같은 화면이라도 배경음악이 어떤 분위기인지에 따라 전달하는 메시지가 달라질 수 있습니다. 적절한 배경음악은 동영상을 전문적이고 고급스럽게 만들어주지만, 적절하지 못한 배경음악은 동영상을 아마추어적이고 편집이 제대로 되지 않은 느낌을 주기 때문에 동영상 편집에서 배경음악의 선택은 대단히 중요하다고 할 수 있습니다.

배경음악은 우리의 생각 이상으로 큰 역할을 하는 셈이죠. 동영상의 화질이 나쁜건 참고 시청할 만하지만, 동영상의 배경음악이 나쁘면 오래도록 시청하기가 어려워집니다. 배경음악은 이토록 중요한 까닭에 **전문적으로 영상을 제작하는 1인 크리에이터분들과 유튜버분들 중에서는 배경음악을 먼저 정해두고 그 음악에 맞춰서 영상을 촬영하는 경우도 있습니다.** 이번 장에서는 적절한 배경음악을 찾아 넣는 방법에 대해 알아보겠습니다.

❶ 배경음악을 넣고 싶은 위치로 플레이헤드를 옮겨놓은 다음, 아래쪽 메뉴에서 [오디오]를 클릭합니다.

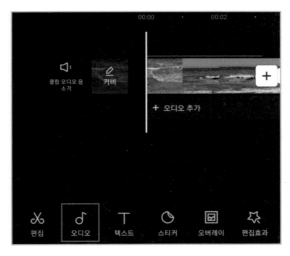

❷ 총 4가지의 옵션이 제공됩니다.
❶ **사운드** : 배경음악을 선택하고 추가합니다.
❷ **편집효과** : 효과음을 선택하고 추가합니다.
❸ **사운드 추출** : 동영상에서 사운드를 추출해서 프로젝트에 사용합니다.
❹ **녹음** : 직접 목소리를 녹음합니다(나레이션 등).

[녹음], [편집효과] 등에 대해서는 다음 장에서 자세히 알아봅니다. 여기에서는 우선 배경음악을 추가하기 위해서 [사운드]를 클릭합니다.

❸ 캡컷 프로그램에는 기본으로 제공해주는 일부 음악들이 있습니다. 처음에는 카테고리를 먼저 고릅니다. 예를 들어 '여행' 카테고리를 고르면 여행에 어울리는 음악이 있는 식입니다. 캡컷은 틱톡과 같은 회사에서 제작된 영상 편집 앱이므로 틱톡에서 사용되는 음악들이 기본으로 제공되고 있습니다.

❹ 음악 제목이나 아이콘을 클릭하면 음악이 재생되면서 미리 들어볼 수 있습니다. 지금 편집하고 있는 동영상과 잘 어울리는 음악을 고르는 것이 핵심입니다. 음악 제목 아래에는 음악의 길이(시간)가 함께 표시되므로 음악을 고를 때 참고하면 좋습니다. 원하는 음악을 찾았다면 오른쪽에 있는 '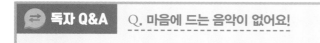' 버튼을 클릭합니다.

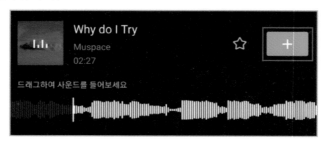

독자 Q&A   Q. 마음에 드는 음악이 없어요!

A. 원하는 음악이 없다고해도 걱정마세요. 다음 장에서 저작권이 자유로운 음악을 구하는 방법도 알려드립니다! 여기에서는 우선 음악을 어떻게 다운로드하고 넣는지를 알아봅니다.

❺ 타임라인에서 동영상 아래쪽에 음악이 추가된 모습을 볼 수 있습니다. 이제 동영상을 재생해서 음악이 동영상과 잘 어울리는지, 분위기가 맞는지 등을 체크해보면 됩니다.

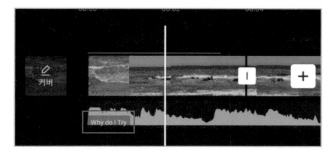

6. 동영상 볼륨 조절하기

음악만 나오는 동영상이 아닌 경우, 예를 들어 내 목소리와 배경음악이 같이 나와야 한다면 배경음악의 볼륨을 조절할 수 있어야겠죠? 영상의 볼륨을 굉장히 쉽게 조절할 수 있습니다. 배경음악의 볼륨을 조절하는 방법에 대해 알아보겠습니다.

❶ 조절하고 싶은 음악을 타임라인에서 클릭한 후 아래쪽 메뉴에서 스피커 모양으로 된 아이콘인 [볼륨]을 클릭합니다.

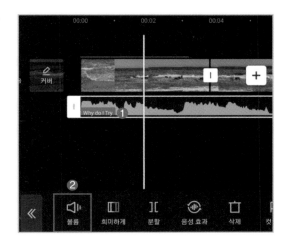

❷ 볼륨은 최소 0에서부터 최대 1,000까지 조절할 수 있습니다. 기본값은 정중앙에 위치해 있으며 100입니다. 이 슬라이더를 오른쪽으로 옮겨서 숫자를 키우면 볼륨이 커지고, 왼쪽으로 옮겨서 숫자를 내리면 소리가 작아집니다. 볼륨 조절은 세밀하게 해야 합니다. 따라서 영상을 직접 재생해보면서 들어보고 조금씩 조절하세요! 0~200 사이의 값을 이용해서 조절하는 방법을 추천합니다.

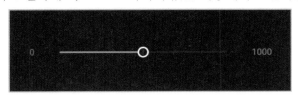

저작권이 자유로운 무료 배경음악 구하는 법

음악은 저작권 문제에서 자유로울 수 없습니다. 따라서 음악을 사용할 때 저작권을 꼼꼼하게 확인하는 게 필요합니다. 저작권이 있는 음원(예를 들어 대중가요 등)을 무단으로 사용하게 되면, 해당 영상으로 수익창출을 할 수 없는데다가 저작권 위반으로 영상이 삭제되거나 채널이 정지될 수도 있습니다. 따라서 음악은 반드시 저작권을 해결한 음악을 사용해야 합니다. 저작권이 해결된 음악은 보통 유료로 결제를 요합니다. 하지만 유료 사이트의 음원 가격은 꽤 비싼 편이고 연간 결제를 해야하는 등 번거로운 절차가 필요합니다. 여기에서는 초보자분들, 그리고 유튜브를 처음 시작하는 분들이 부담없이 음악을 정할 수 있도록 무료 배경음악을 구하는 방법에 대해 알려드립니다(스마트폰에서 영상 편집을 하는 과정이므로 스마트폰에서 음악을 다운로드하는 예시로 설명합니다).

❶ 인터넷을 실행하여 유튜브 오디오 라이브러리를 검색하여 접속합니다.

❷ 유튜브 오디오 라이브러리 화면입니다. 이곳에 있는 모든 음악은 저작권 문제없이 무료로 사용할 수 있습니다.

❸ 음악을 클릭하면 해당 음악을 미리 들어볼 수
있습니다. 다운로드 하기 전, 음악을 들어보면
서 원하는 음악을 찾으면 됩니다. 음악의 개수
는 충분해서 부족하지 않을 것입니다.

❹ 마음에 드는 음악을 찾았다면, 음악의 오른쪽
에 있는 화살표를 눌러 다운로드 합니다. 다운
로드한 음악은 내 스마트폰에 저장됩니다. 이
후 [오디오]로 들어가서 다운로드한 음악을 찾
아 사용하면 됩니다.

❺ 배경음악이 너무 많아서 원하는 음악을 고르기가 어렵다면, 위에 있는 카테고리 정렬을 이용해서
음악을 필터링 하세요. 원하는 장르, 기분, 악기, 시간(음악의 길이) 등으로 필터링하면 좀 더 빨리
원하는 음악을 찾을 수 있습니다.

❻ 어떤 음악들은 아래 그림처럼 노래를 무료로 사용할 수 있지만, 저작자를 표시해야 한다는 조건이
달려있습니다. 이럴 때에는 아래에 있는 글자 전체를 복사해서 유튜브에 올릴 때 설명란에 기입해
주면 됩니다. 이러한 라이선스 조건은 음악을 만든 창작자 입장에서는 정당한 요구 조건이며 사용
자 입장에서도 라이선스를 적어주기만 하면 되므로 효율적인 방식이라고 할 수 있습니다. 유튜브
설명란을 기입하는 방법은 '10장. 유튜브 동영상 업로드하기'에서 자세히 설명합니다.

07 : 멋진 영상을 만들기 위한 영상 편집 스킬

1. 화면전환 효과 넣기

우리가 유튜브에서 멋진 영상을 볼 때 공통된 효과들이 몇 가지가 있는데 그 중 하나가 바로 화면전환 효과입니다. 화면전환 효과는 영어로 트랜지션(Transition)이라고 부르는데요. 특정 장면에서 다른 장면으로 넘어가는 과정에 임팩트를 주거나 자연스럽게 연결되게끔 만들어주는 역할을 합니다. 즉, 앞에 있는 영상 클립(A)에서 뒤에 나오는 영상 클립(B)으로 연결될 때 어떤 방식으로 화면이 전환되는지를 결정합니다. 스마트폰 영상 편집 앱에서는 여러 가지 화면전환 효과를 사용할 수 있는데요. 자연스러운 느낌으로 부드럽게 전환되는 효과에서부터 강력한 인상을 남길 수 있는 효과까지 다양한 화면전환 효과를 이용할 수 있습니다. 이번 장에서는 화면전환 효과를 넣는 방법에 대해 알아보겠습니다.

❶ 영상 클립 사이 부분을 보면 흰색 버튼이 있습니다. 이 버튼을 활용하여 화면전환 효과를 넣을 예정입니다. 이 흰색 버튼을 클릭합니다.

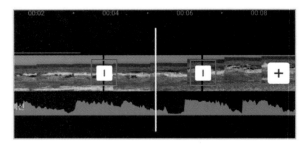

여기서 잠깐!

화면전환 효과를 넣기 위해서는 영상 클립이 분할되어 있거나 다른 영상이 뒤에 붙어있어야 합니다. 영상 클립을 분할하는 방법은 89쪽에 있는 '6장. 영상 편집의 기본! 컷 편집'을 확인해보세요!

🔁 **독자 Q&A**   Q. 영상 사이의 흰색 버튼 클릭이 힘들어요!

A. 타임라인이 축소된 상태에서는 영상 사이에 있는 흰색 버튼이 잘 클릭되지 않을 수 있습니다. 이때에는 타임라인을 확대(줌인)시켜 주면 버튼을 클릭하기가 쉬워집니다.

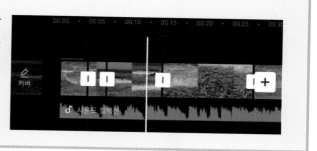

❷ [전환] 메뉴가 나타납니다. 여기에 다양한 화면전환 효과가 준비되어 있습니다. 이름을 참고하거나 직접 효과를 클릭하여 원하는 효과를 찾으면 됩니다. 위쪽에는 '무브먼트', 'SNS' 등 카테고리 구분도 있습니다. 여기에서는 [기본] 메뉴 중 '버블 블러' 효과를 넣어보겠습니다.

❸ '버블 블러' 효과는 '기본' 카테고리에 속한 장면전환 효과입니다. 장면전환 효과가 추가되면 아래쪽에 장면전환 효과의 길이(시간)를 조절할 수 있는 슬라이드 바가 나타나며 여기에서 전환 효과의 길이를 직접 조절할 수 있습니다. 시간이 늘어나면 더 천천히 전환되며, 시간이 짧아지면 더 빠르게 장면이 전환됩니다. 속도를 빠르게 하고 싶으면 왼쪽으로, 느리게 하고 싶으면 오른쪽으로 이동시킵니다. 속도를 너무 빠르게 하면 화면전환 효과가 거의 보이지 않게 되면서 화면전환 효과가 없는 것처럼 보이므로, 적당한

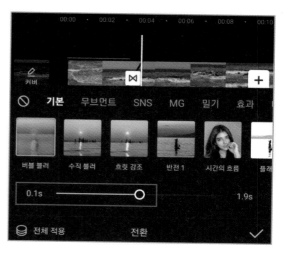

길이를 지정해줍니다. 똑같은 방식으로 화면전환 효과를 넣고 싶은 부분에 계속 작업해줍니다.

❹ 적용이 완료되면, 영상 가운데에 있는 버튼이 단순한 흰색버튼에서 내가 선택한 화면전환 효과를 나타내기 위해 나비 넥타이 모양으로 바뀝니다. 미리보기 화면에서는 화면전환 효과가 어떤식으로 보여질지를 확인할 수 있습니다.

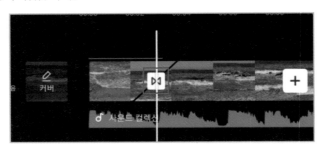

여기서 잠깐!

모든 분할 구간에 화면전환 효과를 넣을 필요는 없습니다. 화면전환 효과가 너무 자주 나오면 영상이 아마추어적으로 보일 수도 있습니다. 따라서 화면전환 효과는 적절한 구간에 필요한만큼 넣어주면 됩니다.

2. 동영상 속도 조절하기

빠르게 움직이는 타임랩스 영상 또는 슬로우 모션 같은 속도 조절 편집 방법은 동영상을 재미있게 만드는 하나의 요소입니다. 우리가 현실 세계에서 눈으로 보는 세상은 더 빨리 움직이거나 더 느리게 움직이지 않습니다. 하지만 동영상에서는 속도 조절을 통해 내가 원하는 속도를 만들어낼 수 있는 까닭에 영상을 현실적이면서도 약간은 비현실적으로 구성함으로써 시청자들을 몰입시킬 수 있습니다. 특히 슬로우 모션은 여러 장르에서 활용되는 기법입니다. 이번 장에서 영상의 속도를 어떻게 조절하는지 알아보겠습니다!

❶ 먼저 속도 조절을 원하는 영상을 선택한 다음, 아래쪽 메뉴에서 [속도]를 클릭합니다.

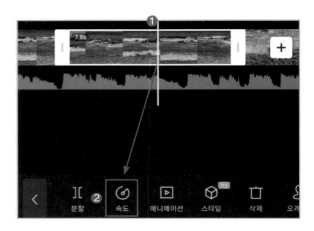

❷ [일반]과 [곡선] 옵션이 나타납니다. [일반]은 하나의 영상을 일정한 속도로 변경하는 것입니다. [곡선]은 하나의 영상 안에서 다양한 속도 조절이 이뤄지게끔 만드는 방식입니다. 먼저 [일반]을 클릭합니다.

❸ 이제 메뉴에서 속도 조절 관련된 항목들을 확인할 수 있습니다. 1×는 1배속(현재 속도), 2×는 2배속, 5×는 5배속, 10×는 10배속으로 설정할 수 있습니다. 기본 속도는 1×(1배속)입니다. 1배속 아래로 내려가면(가령 0.5×), 영상은 빨라지는게 아니라 느려지면서 슬로우 모션으로 연출됩니다.

❹ 1배속인 영상을 0.5배속으로 바꾸면 속도가 절반이 느려진 것이므로 영상의 길이가 2배만큼 늘어나게 됩니다. 1배속인 영상을 2배속으로 바꾸면 속도가 2배 빨라진 것이므로 영상의 길이는 2배만큼 줄어들게 됩니다. 영상의 속도를 조절하면 해당 영상 왼쪽 상단에 얼만큼의 속도 조절이 들어갔는지를 숫자로 표시해주므로 직관적으로 파악할 수 있습니다.

보통 일반적인 슬로우 모션이라면 0.5×(0.5배속)을 사용합니다. 0.25배속의 경우 너무 느려서 영상이 마치 사진처럼 보일 수 있기 때문입니다. 최대 빠르기는 영상의 길이에 따라 달라집니다. 길이가 긴 영상의 경우에는 10배속 이상으로도 설정할 수 있습니다. 특수한 상황에서는 20배속을 사용하기도 하지만, 일반적으로는 4배속이나 8배속만으로도 충분합니다.

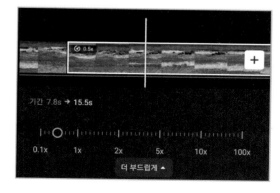 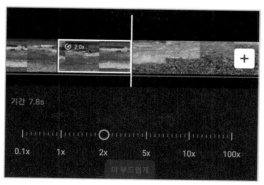

❺ 영상의 속도를 조절하면 영상 안에 포함되어 있는 목소리 같은 오디오도 같이 속도가 조절됩니다. 영상을 빠르게 만들면 오디오도 빨라지고, 영상이 느려지면 오디오도 느려지는거죠. 이때에는 오디오를 듣기가 거북해지는 경우가 많아서 영상을 음소거하는 경우도 있습니다. 음정은 유지하되 속도만 조절되게끔 만들고 싶을 때는 [음조]를 선택합니다. [음조] 기능은 주로 사람 목소리가 들어간 영상의 배속을 변경할 때 사용합니다.

여기서 잠깐!

다시 원래대로의 속도로 되돌아가고 싶다면, 속도 조절을 1배속으로 바꾸면 됩니다.

❻ 이제 속도 조절을 [일반]이 아니라 [곡선]으로 변경해보겠습니다. 영상을 선택한 후 [곡선]을 클릭합니다.

❼ [곡선]에는 사용자 지정, 몽타주, 영웅, 총알 등 이미 만들어진 다양한 속도조절 템플릿이 제공됩니다.

❽ [영웅]이라는 이름의 옵션을 선택해보겠습니다. 영상의 속도는 그래프 모양을 기준으로 움직입니다. 그래프가 위쪽이라면 더 빠르게 움직이며 그래프가 아래쪽으로 향할 땐 더 느리게 움직입니다.

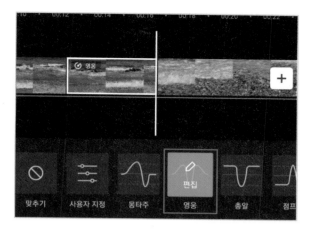

❾ 예를 들어 [영웅]의 속도 조절 그래프를 보면, 기준선에서 처음 출발해서 앞부분에서 빨라졌다가 급격하게 다시 느려지고, 다시 급격하게 빨라졌다가 원래 속도로 되돌아오는 그래프를 보여주고 있습니다. 기준선은 1배속(1×)입니다.

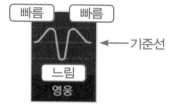

❿ 이제 동영상을 재생을 해보면 그래프 모양처럼 속도가 조절되는 모습을 볼 수 있습니다.

⓫ [사용자 지정]을 선택하고 [편집] 버튼을 클릭하면 수동으로 내가 원하는 속도 조절 그래프를 만들 수도 있습니다.

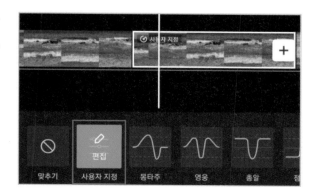

⓬ 일직선인 그래프와 중간에 몇 개의 점이 나타납니다. 이 점을 위아래로 움직여서 원하는 속도 조절 그래프를 직접 제작할 수 있습니다.

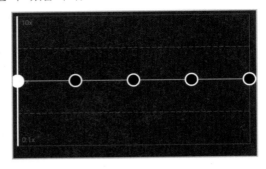

⓭ 속도 조절을 내 마음으로 제작할 수 있으므로 직접 조절해보면서 자신만의 영상을 만들어보세요.

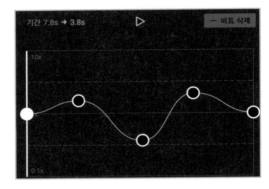

3. 동영상 회전시키기

종종 동영상을 뒤집거나 반대로 회전시켜야 하는 경우가 생깁니다. 동영상을 어떻게 회전시키는지 알아봅니다.

❶ 회전시키고 싶은 동영상을 선택한 후 아래쪽 메뉴에서 오른쪽으로 스크롤하여 메뉴를 찾습니다.

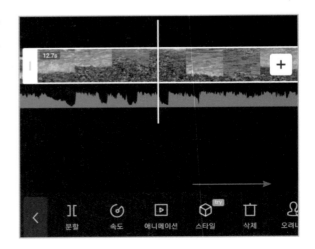

❷ 다양한 메뉴에서 [편집]이라고 된 메뉴를 찾아 선택해줍니다.

총 3개의 옵션을 제공합니다.

❶ [회전] 옵션은 클릭할 때마다 현재 선택된 동영상을 시계 반대방향으로 90도만큼 회전시키는 기능입니다.

❷ [미러링]은 현재 선택된 영상을 좌우로 뒤집는 기능입니다.

❸ [자르기]는 동영상의 특정 부분을 잘라낼 때 사용합니다.

4. 동영상을 반대로 재생하기

영상을 반대로 재생할 수 있다면 어떤 연출이 가능할까요? 사람이 뒤로 걸어가거나 하늘에서 내리는 비가 다시 하늘로 올라가는 것처럼 연출할 수 있겠군요. 또는 깎았던 사과가 원상복구 되도록 만들 수도 있겠죠? 영상을 반대로 재생하는 방법도 알아보겠습니다.

❶ 동영상을 선택한 후 아래쪽 메뉴에서 오른쪽으로 스크롤하여 메뉴를 찾습니다.

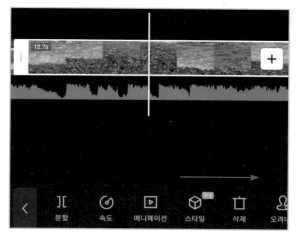

❷ 메뉴에서 [역방향]이라는 메뉴를 찾아 클릭합니다. '역방향 처리 중...'이라는 메시지가 나타나다가 처리가 완료되면 영상이 반대로 재생됩니다.

[역방향]은 정상적인 동영상을 반대로 재조립하는 과정입니다. 따라서 약간의 시간이 소요됩니다. 해당 작업이 완료될 때까지 기다려줍니다. 완료되면 선택한 영상이 반대로 재생되는걸 확인할 수 있습니다.

5. 동영상에 스티커 삽입하기

동영상에 잘 어울리면서도 재미있고 아기자기한 영상을 만들기 위해서 동영상에 스티커 효과를 넣어봅니다. 기본으로 포함되어있는 많은 스티커들이 있으니 천천히 구경해보면서 마음에 드는 스티커를 골라보세요.

❶ 아래쪽 메뉴에서 [스티커]를 클릭합니다.

❷ 스티커 창이 나타납니다. 캡컷에는 다양한 스티커들이 준비되어 있어서 원하는 스티커를 찾아 추가하는 것만으로도 손쉽게 스티커를 만들 수 있습니다.

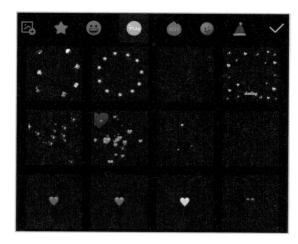

❸ 스티커를 클릭하면 영상 화면 위에 스티커가 추가되면서 함께 보입니다.

❹ 스티커는 타임라인에서 주황색으로 표시되어 있습니다. 자막이나 영상 객체와 마찬가지로 스티커의 길이 조절을 통해서 스티커가 나타나는 시간을 조절할 수 있습니다.

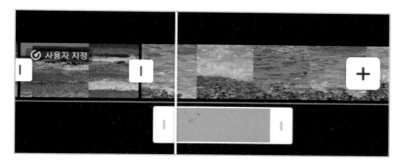

❺ 추가한 스티커를 삭제하고 싶다면, 삭제하고자 하는 스티커를 클릭해서 선택한 다음, 아래쪽 메뉴에서 [삭제]를 찾아 클릭하면 됩니다.

❻ 똑같은 방식으로 스티커를 2개 이상 배치하여 한 화면에 여러 개의 스티커가 나오도록 만들 수도 있습니다. 창의력을 발휘해서 예쁜 스티커로 영상을 꾸며보세요!

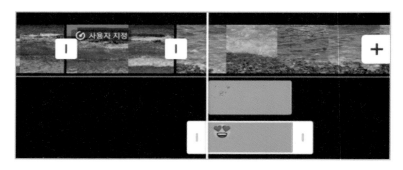

6. 목소리 녹음하기(나레이션)

동영상에 자신만의 목소리를 녹음해봅시다.

❶ 나레이션 녹음을 위해서 플레이헤드를 원하는 위치에 옮겨놓은 다음, 아래쪽 메뉴에서 [오디오]를 클릭한 후 [녹음]을 클릭합니다.

❷ 가운데 마이크 버튼을 눌러 녹음을 시작합니다. 녹음 버튼을 클릭하자마자 3초 카운트가 시작되며, 카운트가 끝나면 녹음을 시작하면 됩니다. 영상이 재생되면서 플레이헤드가 움직이며 녹음이 되므로 영상을 보면서 녹음을 하는게 가능합니다.

❸ 녹음을 끝마치면 아래쪽에 '음성 녹음'이라는 새로운 오디오 파일이 추가됩니다.

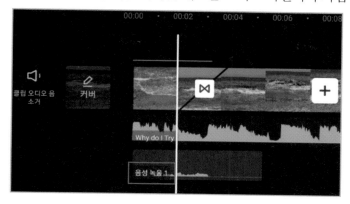

7. 편집된 영상을 저장(공유)하기

드디어 기본적인 편집을 끝마치고 동영상을 저장할 차례입니다. 캡컷에서의 저장은 매우 간단하고 편리하게 진행할 수 있습니다.

❶ 저장을 시작하기 전에 먼저 설정을 해주어야 합니다. 우측 상단에 있는 '1080P'라고 적힌 버튼 또는 기타 다른 숫자가 적힌 버튼을 클릭해서 해상도와 프레임 속도 창을 엽니다. 여기에서 해상도와 프레임 속도를 조절합니다. 캡컷에서는 프로젝트를 생성할 때 해상도와 프레임 속도를 조절하지 않고 마지막에 저장할 때 해상도와 프레임 속도를 조절하는 방식을 사용하고 있습니다.

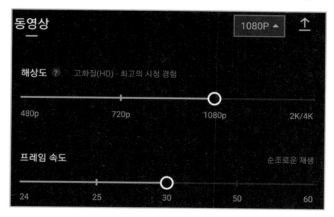

해상도와 프레임 속도를 정해야 합니다. 평범한 동영상이라면 해상도는 1080p, 프레임 속도는 30으로 설정하면 됩니다.

❷ 설정이 모두 완료되었다면 이제 우측 상단 끝부분에 있는 공유 버튼을 클릭합니다.

❸ '내보내는 중...'이라고 나오면서 동영상이 저장되는 작업이 진행됩니다. 동영상의 경우 처리해야할 데이터가 많고 용량이 큰 콘텐츠이므로 저장을 하는데 시간이 다소 소요됩니다. 영상의 길이가 길고 다양한 요소들이 추가되었다면 더 많은 시간을 필요로 합니다.

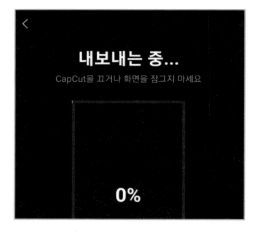

❹ '공유 준비 완료'라는 메시지가 나타나면 저장이 완료된 것입니다. 이제 갤러리(앨범)에서 저장된 동영상을 직접 확인해보세요!

08 : 영상을 업그레이드 해주는 고급 편집 스킬 알아보기

1. 글자만 나오는 영상 제작하기

우리가 동영상이라고 이야기할 때, 모든 장면에 배경 영상이 있어야 할까요? 배경 영상 없이 화면에 글자만 나타나는 장면을 영화관이나 TV, 유튜브에서 보신 적이 있으실 겁니다. 기대감을 주는 영화 예고편이나 영상 중간에 나오는 범퍼 영상처럼 특별한 샷을 만들고 싶을 때 글자만 나오는 영상을 제작할 수 있습니다.

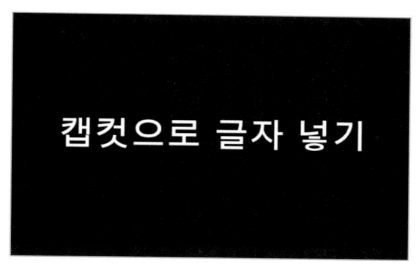

▲ 배경 영상없이 글자만 나오는 영상 화면 샘플

원한다면, 영상의 내용을 압축해서 보여주는 용도로도 활용할 수 있습니다. 이것은 동영상의 일부분이며 동영상을 풍성하게 만들어주는 편집 기법이라고 할 수 있습니다.

❶ 먼저 캡컷 앱에서 새로운 프로젝트를 만들거나 동영상 추가 버튼을 클릭합니다. 동영상 또는 사진 추가 화면이 나타나면 오른쪽 상단에 있는 '라이브러리 동영상'을 클릭합니다. '라이브러리 동영상'은 프로그램에서 기본으로 주어지는 이미지 또는 영상 객체입니다.

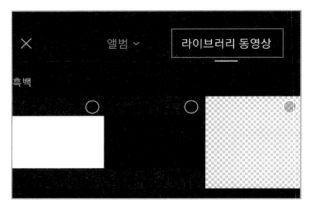

❷ '라이브러리 동영상' 탭에서 흑백 카테고리에 보면 총 3개의 객체를 선택할 수 있습니다. 왼쪽에서부터 흰색 배경, 검은색 배경, 투명한 배경입니다. 여기에서는 가운데에 있는 검은색 배경을 선택해서 추가해보겠습니다.

❸ 이제 타임라인에 사진이나 동영상이 아니라 검은색 배경이 추가되었습니다. 여기에 텍스트를 추가하여 자막을 넣어봅니다.

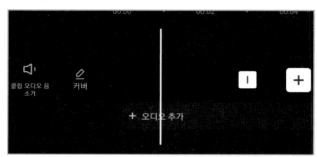

❹ 아래쪽 메뉴에서 [텍스트]를 선택하고 [텍스트 추가]를 클릭한 다음, '배경에 글자 넣기'를 입력합니다.

❺ 검은색 배경 객체 아래에 텍스트가 추가되었습니다.

❻ 이제 원하는 결과물인 글자만 나오는 영상이 완성되었습니다. 배경색을 흰색과 검은색, 그리고 투명 배경으로만 선택할 수 있으며, 다른 색상이 필요할 경우 별도의 이미지로 만들어서 사진으로 추가한 다음, 똑같은 방식으로 자막을 넣을 수 있습니다.

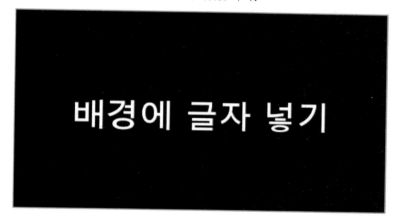

❼ 색깔이 있는 배경 색상을 영상 대신 깔아주고 그 아래에다가 글자를 넣는 방식으로 활용하면, 글자만 나오는 영상을 만들 수 있습니다.

▲ 글자만 나오는 영상을 만들기 위한 개념도

2. 필터 기능으로 효과 추가하기

내가 만든 동영상을 좀 더 은은하고 영화처럼 보여주는 방법이 있을까요? 색감이 있는 필터 효과를 넣어봅니다.

▲ 필터 효과 넣기 전 (원본)

▲ 필터 효과 넣은 후

캡컷에서는 사용자들이 사용할 수 있는 여러 가지 필터를 제공하고 있습니다. 템플릿처럼 클릭한 번으로 화면의 전체 색감을 바꿀 수 있는 다양한 필터들이 있으므로 필터를 잘 고르는 것 만으로도 예쁜 색감의 영상을 만들 수 있습니다.

❶ 필터를 넣고 싶은 영상에 플레이 헤드를 위치시킨 후 아래쪽 메뉴에서 [필터]를 클릭합니다.

❷ 다양한 필터들이 제공됩니다. 직접 하나씩 눌러보면서 영상 화면이 어떻게 바뀌는지 확인할 수 있습니다. 직접 화면을 보면서 필터를 결정할 수 있으므로 직관적이며 사용하기가 편리합니다. 여기에서는 '만남'이라는 필터를 넣어보겠습니다. 원하는 필터를 선택한 후 오른쪽 아래에 있는 [체크] 버튼을 클릭합니다.

❸ 영상 아래에 보라색 객체로 필터가 추가된 모습을 볼 수 있습니다. 영상 안에 필터를 삽입하는 방식이 아니라 필터 객체를 레이어로 영상에 오버레이 하는 방식으로 활용하고 있습니다. 이렇게 편집하는 방식은 확장성이 좋고 편집하기가 수월하다는 장점이 있습니다. 이제 동영상을 확인해보면 필터가 적용된 화면을 확인할 수 있습니다.

❹ 필터를 변경하고 싶다면, 필터를 클릭 후 아래쪽 메뉴에서 [다듬기]를 클릭합니다.

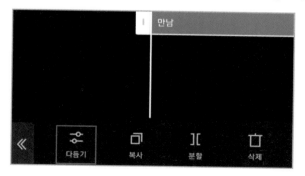

❺ 필터 아래쪽에 있는 슬라이더를 이용하여 필터의 강도(진하기)를 직접 수동으로 결정할 수도 있습니다. 왼쪽으로 갈수록 진하기는 연해지며 오른쪽으로 갈수록 필터 강도가 강해져서 더 진하게 적용됩니다.

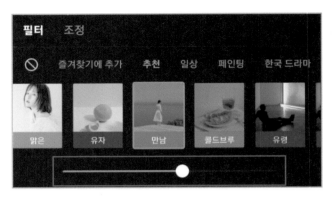

3. 동영상 색 보정하기

사진 분야에서도 그렇지만 영상 분야에서도 색 보정은 굉장히 인기있는 주제이며 많은 크리에이터들의 관심 분야입니다. 전체적인 색감에 따라서 영상의 분위기를 어느 정도 표현할 수 있기 때문입니다.

(원본)

(색보정)

▲ 색보정 결과 샘플

예를 들어 공포 분위기나 시원한 느낌을 주고 싶다면, 푸른색 톤으로 설정하는게 좋겠고 따뜻한 느낌을 주려면 주황색이나 노란색 톤을 강조하는 편이 좋습니다. 만약, 공포 영화가 따뜻한 색감으로 표현된다면 어떨까요? 공포스러운 느낌이 안나고 원하는 표현이 안될겁니다. 따라서 색상 보정은 꽤 중요한 포인트라고 할 수 있는데요. 스마트폰용 영상 편집 앱들은 대체로 PC용 프로그램에 비해서는 색보정의 기능이 제한적이지만 어느 정도는 보정을 할 수 있는 기능을 제공하고 있습니다. 이 기능을 이용해 영상의 색상을 원하는대로 조정해보겠습니다.

❶ 아래쪽 메뉴에서 [필터]를 선택한 후 [조정]을 클릭합니다.

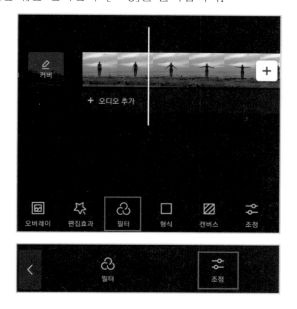

❷ 조정 탭에서는 다양한 옵션을 제공하고 있습니다.

❶ **밝기** : 화면의 밝기를 조절합니다.

❷ **대비** : 대비는 물체와 배경을 구별할 수 있게 해주는 특성입니다. 대비값이 높으면 경계가 뚜렷해지며 어두운 색은 더 어둡게, 밝은 색은 더 밝게 표현됩니다. 대비값이 낮으면 사진이 전체적으로 회색 톤으로 바뀝니다.

❸ **채도** : 채도는 색상의 진하기입니다. 채도를 올리면 화면의 색감이 진해지며 채도를 내리면 흑백사진처럼 변합니다.

❹ **선명하게** : 화면의 선명도를 조절합니다. 선명도를 올리면 화면이 선명해지지만 다소 거칠게 보일 수 있습니다.

❺ **HSL** : HSL은 Hue, Saturation, Lightness의 약자로 색조, 채도, 명도라는 이름으로 번역됩니다. 특정 색상 값을 원하는 값으로 변경할 때 주로 사용하며, 전문가들이 색 보정을 할 때 즐겨 사용하는 기능이기도 합니다.

❻ **그래프** : 그래프는 전문가용 프로그램에서는 Curve(커브)라는 이름으로 제공되는 기능입니다. RGB 색상 값을 이용해 원하는 색감을 연출할 때 활용할 수 있습니다.

❼ 하이라이트 : 화면의 밝은 부분의 값을 조절합니다.

❽ 그림자 : 화면의 어두운 부분의 값을 조절합니다.

❾ 온도 : 온도는 색온도를 의미합니다. 색온도는 화이트밸런스라고 부르기도 하며, 원래는 흰색을 흰색처럼 보여줄 때 활용하는 기능이지만, 색 보정 과정에서는 좀 더 따뜻한 느낌 또는 다소 차가운 느낌을 연출할 때 이용할 수 있습니다.

❿ 색조 : 색조 값을 조절합니다. 보라색 톤 또는 초록색 톤으로 화면이 바뀝니다.

⓫ 희미하게 : 화면을 안개가 낀 것처럼 만들어줍니다.

⓬ 비네트 : 화면의 테두리 부분(끝부분)을 어둡게 또는 밝게 만드는 효과입니다.

⓭ 입자 : 화면에 거친 느낌을 주기 위해 질감을 추가합니다.

직접 화면을 보면서 값을 조금씩 추가하는 방법으로 색 보정을 연습해보세요.

4. 자동 캡션 기능으로 자막 자동으로 넣기

캡컷에는 영상을 제작할 때 유용하게 쓸 수 있는 몇 가지 핵심 기능들이 제공됩니다. 그 중에서 주목할 기능은 바로 '자동 캡션' 기능입니다. 여기에서 '캡션'은 자막을 뜻하는데 보통은 사람이 이야기한 육성을 자막으로 바꾼 것을 이야기합니다.

▲ 캡컷 자동 캡션 기능으로 추가한 자막 샘플

'자동 캡션'은 이름 그대로 사람이 이야기하는 목소리를 자동으로 자막으로 바꿔주는 기능이며, 해당 기능은 전문가용 영상편집 프로그램에서도 최근에 많이 시도되고 있는 기능입니다. 캡컷의 '자동 캡션'의 경우 비교적 최근에 추가된 기능이지만, 성능이 뛰어난 편이라서 적극적으로 활용해 볼만 합니다.

❶ 먼저 동영상을 촬영할 때 말을 해서 목소리를 녹음하거나 '녹음' 기능을 이용하여 목소리를 녹음합니다. 목소리 데이터가 있어야 자동 캡션 기능을 이용할 수 있습니다.

❷ 아래쪽 메뉴에서 [텍스트]를 클릭합니다.

❸ 그런 다음 [자동 캡션]을 클릭합니다.

❹ 총 3가지의 옵션이 주어집니다.

❶ 둘 다 : 음성녹음과 오리지널 사운드 모두를 자동 캡션으로 만듭니다.

❷ 음성녹음 : 별도로 녹음한 음성녹음 데이터를 자동 캡션으로 만듭니다.

❸ 오리지널 사운드 : 동영상에 포함된 목소리 데이터를 자동 캡션으로 만듭니다. 아래쪽에 있는
언어 선택은 '한국어'로 설정해주면 됩니다(한국어일 경우). 이제 '시작'을 누릅니다.

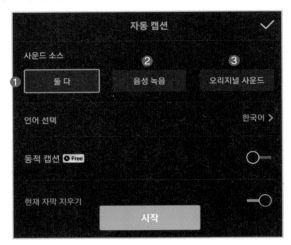

❺ '자동 캡션 다는 중...'이라고 나오면서 오디오 데이터가 분석이 되며 자동으로 자막으로 추가가 됩니다.

❻ 자동 캡션 작업이 완료되면 타임라인 동영상 아래쪽에 갈색 모양으로 된 자막이 추가된 모습을 볼 수 있습니다.

❼ 실제로 음성 녹음의 결과물이 상당히 훌륭한 편입니다. 단어나 발음이 자막으로 잘 변환되었는지 영상을 재생해보면서 직접 체크해 보세요. 그런 다음 앞장에서 배운 자막 디자인을 적용해 예쁜 디자인으로 만들어보세요.

5. 텍스트 템플릿으로 디자인된 자막 활용하기

캡컷에는 템플릿으로 제공되는 다양한 자막 스타일이 있습니다. 다양한 템플릿들이 있고 꾸준하게 업데이트가 되면서 시기상 잘 맞는 템플릿들도 계속해서 추가가 되고 있습니다. 이러한 템플릿 자막들은 보통 전문가용 영상 편집 프로그램에서는 제공이 되지 않거나 유료로 제공하는 경우가 많습니다.

❶ 아래쪽 메뉴에서 [텍스트]를 클릭한 후 [텍스트 템플릿]을 클릭합니다.

❷ 다양한 템플릿들을 직접 볼 수 있습니다. 미리보기를 통해 텍스트 템플릿의 디자인을 확인한 후 영상에 접목할 수 있어서 사용방법이 간편합니다. 원하는 템플릿을 클릭하면 영상에 추가가 됩니다.

❸ 보통 텍스트 템플릿에는 애니메이션 효과가 포함되어 있습니다. 그래서 특정 템플릿의 경우 자막 추가를 하였는데도 화면에서는 빈 공간처럼 보이는 현상이 나타납니다. 이것은 자막이 추가가 되지 않은게 아니라 현재 플레이헤드 위치에서는 애니메이션 효과 때문에 자막이 일시적으로 감춰진 상태입니다.

❹ 텍스트 템플릿을 먼저 추가한 다음 플레이헤드를 중간쯤으로 이동시키면 화면에서 텍스트가 나타나는 모습을 볼 수 있습니다.

❺ 이렇게 화면에 글자가 나타나면, 해당 글자를 클릭하여서 원하는 글자로 수정을 해주면 됩니다.

❻ 손쉽게 텍스트 템플릿을 이용하여 예쁜 디자인의 자막을 만들어보았습니다.

6. 스마트폰에 저장된 음악을 동영상 배경음악으로 추가하기

이제는 캡컷 프로그램에서 기본적으로 제공하는 배경음악이 아니라 별도로 다운로드 하거나 자신이 직접 만든 음악 등을 이용해 배경음악으로 활용해보겠습니다(앞장에서 소개한 유튜브 라이브러리를 이용해 다운로드 받은 음악을 활용해도 됩니다). 단, 이때에는 반드시 미리 저장된 음악이 스마트폰 안에 있어야 합니다.

❶ 플레이헤드를 원하는 위치로 옮긴 후, 아래쪽 메뉴에서 [사운드]를 클릭합니다.

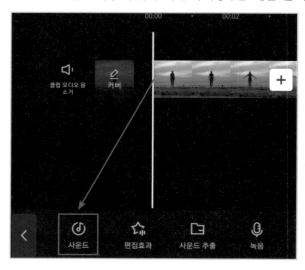

❷ 중간쯤에 있는 메뉴 버튼들에서 폴더 모양으로 된 버튼을 찾아 클릭합니다.

❸ 사운드 삽입 메뉴가 나타나면 오른쪽에 있는 [장치 내 사운드]를 클릭합니다.

❹ 내 폰에 저장되어 있는 모든 오디오 파일이 나열됩니다. 위쪽에 있는 '장치 내 사운드 검색'을 통해 제목이나 가수 이름을 입력해서 검색을 할 수도 있으며, 원하는 음악을 클릭하면 음악이 미리 재생이 되기 때문에 직접 들어보면서 찾아도 됩니다. 원하는 음악을 찾았다면 오른쪽에 있는 '＋' 버튼을 클릭하여 타임라인에 음악을 추가합니다.

❺ 타임라인에서 영상에 음악이 잘 추가된 모습을 볼 수 있습니다.

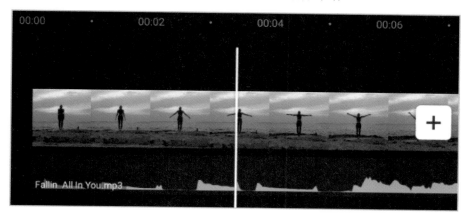

자동 가사 기능으로 손쉽게 뮤직비디오 동영상 만들기

캡컷 프로그램에서 제공하는 기능 중에서 '자동 가사' 기능이 있습니다. 이 기능은 음악의 가사를 자동으로 분석해서 자막으로 만들어주는 기능으로서, 요즘 유튜브 같은 곳에서 즐겨 볼 수 있는 음악 소개 동영상이나 플레이리스트(플리) 동영상, 뮤직비디오 동영상 등에 활용할 수 있는 기능입니다.

❶ 가사가 있는 음악을 배경음악으로 추가한 상태에서 아래쪽 메뉴에서 [텍스트]를 클릭한 후 [자동 가사]를 클릭합니다.

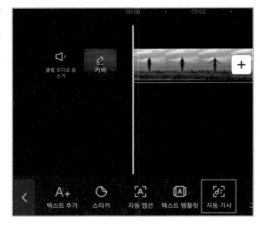

❷ 옵션이 나타나면 사운드 소스를 선택합니다. 예제의 편집 환경에서는 별도로 음악을 추가하였으므로 '오디오'를 선택합니다. 언어 선택도 영어로 된 노래라면 영어로 선택합니다. 그런 다음 아래쪽에 있는 '시작' 버튼을 클릭합니다.

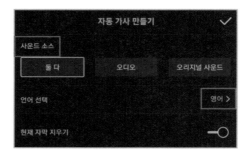

❸ 자동 가사 처리가 완료되면 타임라인에서 영상 아래쪽에 자주색 자막이 추가된 모습을 볼 수가 있는데 이 자막이 바로 자동 가사로 추가된 자막들입니다.

❹ 음성 분석을 통해 자동 캡션을 넣어주는 기능과 마찬가지로 훌륭한 성능을 가지고 있는 '자동 가사'입니다. 작업이 완료되었다면 영상을 재생해보면서 가사가 맞는지, 그리고 타이밍이 잘 맞는지를 체크해 보세요.

❺ 타이밍이 정확하게 맞지 않다면, 앞서 배운 트림(TRIM) 작업을 통해 세밀하게 자막의 길이를 조정해주세요.

7. 감성적인 손글씨 쓰기

일반적인 자막은 키보드로 입력하는 것이라서 다소 딱딱한 느낌을 주기도 합니다. 반대로 손글씨는 사용자가 직접 쓴 글씨이므로 좀 더 감성적인 연출을 할 때 유용한 효과라고 할 수 있습니다. 손글씨는 이름 그대로 화면에다가 손으로 글을 쓸 수 있는 기능입니다. 그리기 기능을 이용하여 손글씨를 넣는 방법에 대해 알아봅니다.

❶ 플레이헤드를 원하는 곳에 위치한 다음, 아래쪽 메뉴에서 [텍스트]를 클릭하고 [그리기]를 클릭합니다.

❷ 화면에 그림을 그릴 수 있는 옵션 창이 나타납니다. 여기에서 펜 모양을 결정하고 색상을 결정할 수 있습니다. 크기와 경도, 불투명도도 함께 결정하세요.

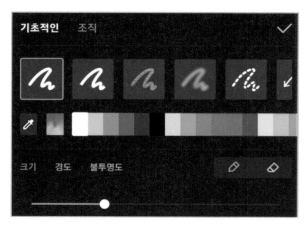

❸ 그런 다음 미리보기 화면을 그림판이라고 생각하고 손가락이나 펜을 이용하여 그림을 그리면 됩니다. 손글씨를 직접 써도 되며, 그림을 그려서 영상의 화면을 꾸미는 것도 가능합니다.

❹ 바로 위에 있는 탭에서 [조직]을 클릭하면 일반적인 펜이 아니라 브러시를 이용할 수 있습니다.

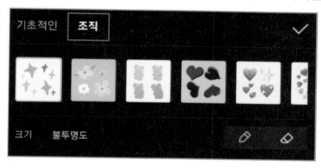

❺ 예쁜 브러시를 선택하고 동영상에 그림을 그릴 수도 있습니다.

❻ 완성을 하면 타임라인에서 영상 아래쪽에 진한 갈색으로 그리기 객체가 추가가 됩니다.

❼ 이렇게 그리기 객체가 선택되어 있는 상태에서 아래쪽 메뉴에서 [애니메이션]을 클릭합니다.

❽ 앞장에서 배운 것처럼 자막에 애니메이션 효과를 넣은 방식과 똑같은 방식으로 그리기 객체에도 인, 아웃, 반복에 애니메이션 효과를 적용할 수 있습니다.

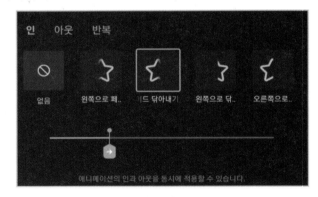

여기서 잠깐!

스마트폰은 화면의 크기가 작으므로 처음에 손글씨를 쓸 때 작게 글을 쓰기가 어렵습니다. 따라서 조금 크게 써둔 다음 나중에 크기를 작게 만들면 좀 더 편하게 손글씨를 쓸 수 있습니다.

8. 따라다니는 자막 만들기

동영상은 사진처럼 정지된 시간을 보여주는 것이 아니라 움직이는 시간, 즉 시간의 흐름을 보여주는 콘텐츠입니다. 따라서 영상에서는 물체 혹은 사람이 거의 대부분 움직이고 있겠죠? 사람 혹은 물체가 따라다니는 자막을 보신 적이 있으실 겁니다. 이런 자막은 키프레임(Key frame)이라는 방식을 이용하여 만들 수 있습니다. 프레임은 앞에서 설명한대로 영상 안에 들어있는 1장의 사진입니다. 따라다니는 자막은 쉽게 설명해서 영상을 구성하고 있는 사진들 모두에 위치가 다른 자막을 넣는다고 볼 수 있습니다. 하지만 이렇게 편집하면 시간이 많이 필요하고 난이도가 올라가기 때문에 키프레임이라는 방식으로 만들게 됩니다. 이 장에서는 '트래킹' 기능을 이용하여 영상에서 따라다니는 자막을 만들어봅니다.

❶ 따라다니는 자막이 시작될 위치에 플레이헤드를 위치시킨 후 아래쪽 메뉴에서 [텍스트]를 클릭하고 [텍스트 추가]를 클릭한 후 글자를 입력합니다.

❷ 아래쪽 메뉴에서 [트래킹]을 클릭합니다.

전통적인 영상 편집 프로그램에서는 편집자가 하나하나 키프레임을 추가하여 따라다니는 자막을 제작해야 합니다. 그러나 최근에 나오는 프로그램들에서는 '트래킹'이라는 기능을 이용하여 자동으로 키프레임을 생성해서 따라다니는 자막을 보다 손쉽게 제작할 수 있도록 해주고 있습니다.

❸ 트래킹이 활성화되면 미리보기 화면에서 어떤 부분을 따라다닐지(트래킹 할지)를 편집자가 직접 지정할 수 있도록 하고 있습니다. 즉, 화면에서 따라다니게 하고 싶은 부분을 직접 선택을 해주면 됩니다. 노란색 원형의 범위가 좁을수록 좀 더 세밀하게 해당 부분을 따라다닐 수 있으며, 범위가 넓을수록 좀 더 러프하게 따라다니도록 키프레임이 생성됩니다.

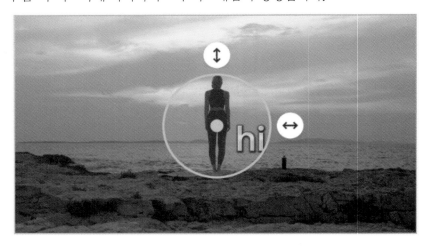

❹ 손가락을 이용해 화면에서 원하는 위치를 설정해줍니다. 확대와 축소는 손가락 2개를 이용하면 되며, 위치 이동은 손가락 1개를 이용합니다.

❺ 위치가 설정되었다면 아래쪽에 있는 [트래킹 시작] 버튼을 클릭합니다.

❻ '로딩 중...'이라는 글자가 나오면서 트래킹 분석 작업이 이뤄지고, 작업이 완료되면 해당 텍스트 객체 왼쪽 위에 트래킹 모양의 아이콘이 표시됩니다.

❼ 이제 재생을 해봅니다. 대체로 부드럽게 트래킹이 잘 적용되지만, 경우에 따라서는 중간에 트래킹이 풀리거나 원하는 결과가 나타나지 않을 수 있습니다. 자동 트래킹 기능의 한계이므로, 좀 더 정밀한 작업을 원한다면 수동으로 하나하나 키프레임을 추가하여 작업을 해주어야 합니다.

❽ 키프레임은 재생 버튼에 옆에 있는 다이아몬드 모양의 아이콘이며, 수동 키프레임을 추가하면 자동으로 추가되었던 트래킹 기능은 취소가 됩니다. 아쉽게도 캡컷에서는 자동 트래킹 작업 이후 세밀하게 조정하는 기능은 제공하고 있지 않습니다. 초보자분들에게는 자동 트래킹 기능으로 작업하는걸 추천합니다.

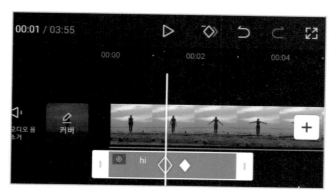

9. 흘러가는 자막(엔딩 크레딧) 만들기

우리가 영화관에서 영화를 모두 보고 나면, 검은색 화면에 여러 가지 글자들이 올라가면서 보여지는 엔딩 크레딧을 보신 적이 있으실 겁니다. 제작자, 감독, 출연자 등의 이름과 도움주신 분들의 이름 등이 들어가는 곳이죠.

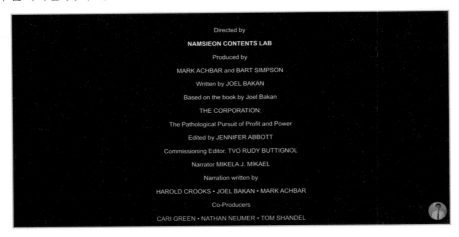

▲ 일반적인 엔딩크레딧

이 엔딩 크레딧은 글자로 만들어져 있지만 전체가 위로 혹은 다른 방향으로 움직인다는 점에서 움직이는 자막과 비슷합니다. 움직이는 자막이 짧은 단어 위주라면, 엔딩 크레딧은 글자들의 묶음인 셈이죠.

▲ 사진을 배경으로 깔거나 옆에 영상을 배치하는 등으로 활용할 수도 있습니다

엔딩 크레딧은 재미있는 연출이면서 아이디어에 따라 다양하게 활용할 수 있으므로 흘러가는 자막도 만들어보겠습니다.

❶ 먼저 엔딩 크레딧으로 만들 글자를 텍스트로 추가하여 화면에 넣어줍니다. 세로로 길게 늘어진 글자가 엔딩 크레딧에는 잘 어울립니다. 글자를 세로로 쓰는 방법은 글자 입력 후 엔터 Enter 를 입력하면 됩니다. 보통 엔딩 크레딧에는 장문의 글이 들어가기 때문에 스마트폰의 메모장 등을 이용해 미리 적어두고 복사/붙여넣기를 하면 더욱 편하게 작업할 수 있습니다. 자막이 삽입되면 글자체와 색상 등을 미리 변경해주세요.

❷ 텍스트 객체가 선택된 상태에서 아래쪽 메뉴에서 [애니메이션]을 클릭합니다.

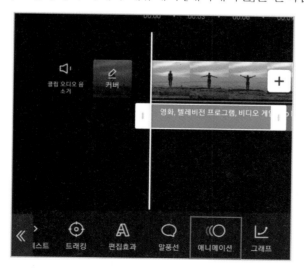

❸ 애니메이션 옵션이 나타나면 '고리'를 클릭합니다.

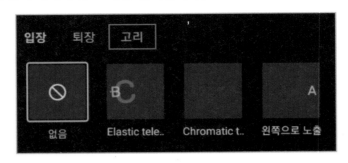

❹ 아래쪽으로 내리면 '두루마리 U'라고 하는 애니메이션을 찾을 수 있습니다. 해당 애니메이션이 글자가 아래에서 위로 올라가는 연출을 보여주기 때문에 엔딩 크레딧에 잘 어울립니다. '두루마리U'를 클릭합니다.

❺ 속도 조절을 위해 아래쪽에 있는 슬라이더를 이용하여 '느리게' 쪽으로 옮겨서 자막이 조금 천천히 올라갈 수 있도록 만들어줍니다.

❻ 이제 재생을 해보면 엔딩 크레딧과 비슷한 화면을 만나볼 수 있습니다. 원래 엔딩 크레딧 작업은 첫 부분과 끝 부분에 키프레임을 추가하고 위치를 이동시켜서 작업을 해야 하지만, 기존에 제공되는 애니메이션 효과를 이용하면 좀 더 간편하게 원하는 효과를 만들어낼 수 있습니다.

10. 영상을 풍성하게 해주는 효과음 추가하기

동영상에서 효과음은 아주 특별한 역할을 합니다. 영상을 전체적으로 풍성하게 해주죠. 효과음은 여러 곳에서 사용될 수 있습니다. 자막이나 사진이 나타날 때 넣을 수도 있고, 영상의 분위기를 풍성하게 하기 위해 영상 아래에 배경음악처럼 깔아둘 수도 있습니다. 화면전환이 이루어질 때의 효과를 극대화하기 위해서 화면전환 효과 밑에 효과음을 넣는 것도 좋은 방법입니다. 시청자들의 눈과 귀를 동시에 사로잡는 방법이 효과음의 적절한 사용이라고 해도 과언은 아닙니다. 많은 전문가들이 영상을 편집할 때 효과음을 자주, 그리고 많이 사용하는 편입니다.

▲ 영상 편집에서 효과음 삽입을 위한 개념도

효과음은 여러 개가 한꺼번에 들어갈 수도 있으며, 아예 들어가지 않을 수도 있습니다. 적절한 구간에 적절한 효과음을 넣는 것이 편집 스킬이라고 할 수 있겠네요. 스마트폰 영상 편집 앱에서는 어떻게 효과음을 넣는지 알아봅니다.

❶ 효과음을 넣고 싶은 구간에 플레이헤드를 위치시킨 다음, 아래쪽 메뉴에서 [오디오]를 클릭합니다.

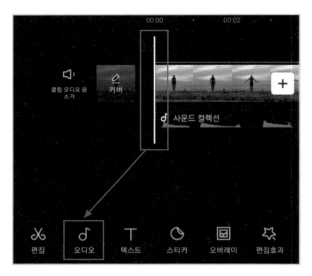

❷ [편집효과]를 클릭합니다.

❸ 다양한 효과음들이 기본으로 제공됩니다. 여기에서 원하는 효과음을 직접 들어보면서 찾아줍니다. 원하는 효과음을 찾았다면 오른쪽에 있는 ' ⊕ ' 버튼을 클릭하여 타임라인에 효과음을 추가합니다.

❹ 타임라인에서 효과음이 배경음악 아래에 추가되었습니다. 효과음도 자막이나 배경음악처럼 길이를 조절할 수 있습니다. 동시에 여러 개의 효과음을 넣는 것도 가능하니 자유롭게 효과음을 활용하여 영상의 분위기를 한 단계 업그레이드해 보세요.

11. 음악이 자연스럽게 시작되고 끝나는 페이드 효과 적용하기

음악이 자연스럽게 시작되고 음악이 끝날 때도 자연스럽게 끝나도록 만들려면 음악의 양 끝쪽에 페이드 효과를 추가해야 합니다. 음악이 시작할 때 들어가는 효과를 페이드 인이라고 부르며, 음악이 끝날 때 효과가 들어가는 것을 페이드 아웃이라고 부릅니다. 캡컷에서는 이러한 페이드 효과를 아주 쉽게 넣을 수 있도록 설계되어 있습니다.

❶ 페이드 효과를 추가할 음악을 타임라인에서 선택한 후 아래쪽 메뉴에서 [희미하게]를 클릭합니다.

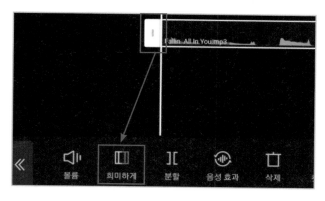

❷ 여기에서 페이드 인과 페이드 아웃을 추가할 수 있습니다. 페이드 인의 지속 시간은 얼마나 긴 시간동안 페이드가 될 것인지를 결정하는 요소입니다. 시간을 길게 잡으면 더 오래도록 페이드가 지속됩니다. 시간을 짧게 잡으면 페이드가 잠깐동안만 추가됩니다.

❸ 페이드 인 지속시간과 페이드 아웃 지속 시간을 적절하게 추가해 주었습니다.

❹ 이제 동영상 앞부분과 뒷부분으로 플레이 헤드를 이동시켜서 음악 요소의 그래프를 자세히 살펴보면 기존에는 보이지 않았던 완만한 곡선 그래프가 추가된 모습을 볼 수 있습니다. 이 완만한 그래프는 해당 음악에 페이드 효과가 추가되었음을 알려줍니다.

❺ 페이드 아웃도 적용하였으므로 음악이 끝나는 부분에서도 완만하게 줄어드는 그래프를 확인할 수 있습니다.

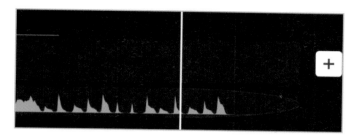

영상을 편집할 때 배경음악이나 효과음을 원본 그대로 넣는 것도 나쁘지 않은 편집 방법입니다. 하지만 원본 그대로를 사용하면 무언가 밋밋하고 딱딱하게 굳은 느낌이 없지 않은데요. 재미있는 영상들은 대부분 음악이 커졌다 작아졌다를 반복하는 방향으로 편집됩니다. 이렇게 하면 영상의 분위기를 더욱 고조시킬 수 있습니다.

❻ [희미하게] 기능을 이용하면 별다른 키프레임 작업 없이도 편리하게 음악의 양 끝에 페이드 인과 페이드 아웃 효과를 추가할 수 있습니다. 마찬가지로 효과음에도 페이드 효과를 추가할 수 있습니다.

영상을 지루하지 않게 만드는 5가지 방법

동영상은 상대적으로 쉽게 지루해집니다. 처음부터 순서대로 봐야만 스토리를 이해할 수 있기 때문입니다. 핵심 내용을 뽑아서 보기가 어렵습니다. 따라서 동영상을 제작하는 사람이라면 동영상을 최대한 지루하지 않게끔 만드는 것이 필요합니다. 일반적으로 다음 두 가지를 기억해야 합니다.

1. 시청자들은 인내심이 많지 않다.	2. 시청 시간은 하강 곡선을 그린다.

따라서 시청자들의 이목을 집중시키고 영상을 끝까지 시청하도록 유도하기 위해서는 영상의 지루함을 최대한 빼야 합니다. 다음 5가지 팁을 참고해 보세요.

❶ **중요한 부분은 앞부분에 넣으세요.**
중요한 핵심 장면이 뒷부분에 나오면, 시청자들이 해당 영상을 못 볼 가능성이 높습니다. 중간에 시청을 그만둬버리는 탓입니다. 하이라이트를 별도로 만들어서 영상 앞에 넣는 것도 고려해보세요.

❷ **영상의 길이를 적절하게 결정하세요.**
너무 긴 영상은 시청자가 원하는 부분을 골라서 보는데 어려움이 따릅니다. 딱히 정해진 정답이 있는 것은 아니지만, 일반적으로 15분 내외 정도로 전체 영상의 길이를 정하세요. 부득이하게 길이가 긴 영상이라면, 여러 편으로 나누어 시리즈로 만드세요.

❸ **음악을 고르는데 시간을 투자하세요.**
촬영한 영상과 잘 어울리는 음악을 골라야 합니다. 저같은 경우에는 영상의 화면이 화려하지 않을 경우, 예를 들어 일반적인 풍경 영상이나 꽃밭을 촬영했다면, 템포가 빠르고 강한 음악을 삽입합니다. 반대로 영상 화면 자체가 화려한 경우, 예를 들어 사람이 많이 출연하고 속도가 빠르고 다양한 장면이 있을 경우에는 잔잔한 음악을 설정합니다. 화면전환 효과도 빠른 템포의 음악일 경우에는 빠르고 화려한 효과를, 느린 템포의 음악일 경우에는 느리고 잔잔한 스타일의 효과를 적용합니다.

❹ **영상의 속도를 다양하게 조절하세요.**
사진과 다르게 동영상은 영상의 속도를 조절해서 현실세계보다 더 빠르게 보여주거나 더 느리게 보여줄 수 있는 점이 매력입니다. 그래서 영상의 속도를 적절하게 조절하는 것이 좋습니다. 특정 구간에는 빠르게 움직였다가 특정 구간에는 느리게 움직이는 식입니다.

❺ 되도록 사람을 촬영하세요.

피사체는 내가 촬영하는 영상에 주인공 또는 중심이 되는 물체 또는 사람입니다. 가능하면 동영상에는 사람이 출연하는 것이 좋습니다. 1인 미디어 환경에서는 본인이 출연하는 것이 일반적입니다. 사람이 출연한다는 건, 다른 영상과 차별화되는 차별화 포인트입니다. 동영상 분야의 경우 콘텐츠의 특성상 익명으로 활동하는 것이 꽤 어려운 축에 속합니다. 따라서 얼굴을 드러내는 방식이 가장 선호되며, 얼굴을 드러내는 것이 부담스럽다면 목소리라도 출연할 수 있도록 준비해보세요. 시나리오(대본)를 잘 준비하면 어렵지 않게 시작할 수 있습니다.

보다 자세한 사항은 남시언 콘텐츠랩 유튜브 채널에서 영상으로 확인해보세요.

 영상을 지루하지 않게 만드는 방법 5가지

영상 링크	QR코드로 바로보기
https://youtu.be/lll-W-Swdr0	

09 : 썸네일 이미지와 인트로 만들기

1. 썸네일 이미지는 왜 만들어야 할까?

썸네일 이미지는 동영상을 요약해서 보여주는 한 장의 이미지입니다. 보통은 줄여서 '썸네일'이라고 부르며 유튜브에서는 '미리보기 이미지'라고 부르기도 합니다. 이름 그대로 영상의 내용을 미리 알 수 있게끔 표현한 이미지라고 할 수 있습니다.

▲ 남시언 콘텐츠랩 채널의 썸네일 이미지

유튜브에서는 시청자의 관심을 끌면서 눈에 띄는 썸네일 이미지를 별도로 제작하는 걸 권장하고 있는데요. 실제로 유튜브뿐만 아니라 대부분의 썸네일은 눈에 띄고 시청자들의 관심을 끌도록 디자인됩니다. 내용이 훌륭한 콘텐츠는 썸네일이 부족해도 성공을 거둘 수 있겠지만, 썸네일이 좋다면 더욱 멋진 결과를 만들어낼 수 있죠.

▲ KBS 깔깔티비 채널 썸네일 이미지

이제 유튜브에서 썸네일 이미지 제작은 선택이 아닌 필수입니다.

▲ 시청자가 유튜브에서 영상을 클릭하는 흐름

대부분의 시청자들은 해당 영상의 썸네일 이미지, 즉 미리보기 이미지를 제일 먼저 확인합니다. 여기에서 시선이 끌리면 영상의 제목을 확인하고, 관심이 있다고 판단되면 영상을 클릭해서 보게 됩니다. 이러한 흐름과 판단은 빠른 속도로 진행되며 썸네일 이미지가 매력적이지 않다면, 제목을 보여줄 기회도 없이 시청자들의 외면을 받게 될 것입니다. 따라서 썸네일 이미지의 중요성은 아무리 강조해도 지나치지 않으며, 잘 만들어진 썸네일 이미지는 더 많은 시청자와 더 많은 구독자를 유인할 수 있도록 도와줍니다.

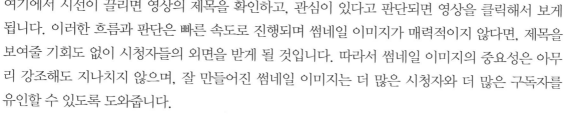

독자 Q&A   Q. 썸네일 이미지를 만들지 않으면 어떻게 되나요?

A. 기본적으로 유튜브에 동영상을 업로드하게 되면, 유튜브 시스템에서 자동으로 영상의 일부분을 추출하여 썸네일 이미지로 만듭니다. 기본 3개를 만들어주며 채널 운영자에게 선택할 수 있도록 해주는데요. 시스템에서 자동으로 선택된 이미지는 동영상에서 추출한 이미지이므로 화질이 떨어지며, 자신이 원하는 구간이 아닐 확률이 높습니다. 따라서 별도의 썸네일 이미지를 제작하는 것이 언제나 더 좋으며, 실제로 유튜브에서도 별도 제작을 권장하고 있습니다.

2. 캔바(Canva) 앱으로 유튜브 썸네일 만들기

제일 먼저 간편하고 간단하면서도 누구나 쉽게 썸네일 이미지를 만들 수 있는 '캔바' 앱을 활용해 썸네일을 만들어보겠습니다. 이 앱에는 유튜브 썸네일을 만들 수 있는 여러 개의 템플릿이 제공되는데요. 이 템플릿을 활용하면 정해진 규격에 따라 자신이 원하는 이미지와 글자만 변경하면 자신만의 썸네일이 뚝딱 만들어집니다. 템플릿을 이용하는 것이므로 자유도가 조금 떨어지긴 하지만, 손쉽게 썸네일 이미지를 만들 수 있다는 점이 장점입니다.

❶ 먼저 캔바 앱을 설치를 해야 합니다. 앱스토어 또는 Play 스토어로 접속한 후 검색창에 '캔바' 또는 'Canva'라고 검색한 후 해당 앱을 설치해줍니다. 물론, 앞에서 이미 설치한 분은 무시해도 됩니다.

❷ 캔바 앱을 실행한 후 첫 화면이 나오면 여기에서 다양한 템플릿들이 제공이 되는데 스크롤을 아래로 내려서 'YouTube 썸네일'이라는 항목을 찾은 다음 '모두 보기'를 클릭합니다.

❸ 여기에서 정말로 많은 다양한 템플릿들의 유튜브 썸네일을 만나볼 수 있습니다. 이제 썸네일 목록을 둘러보면서 원하는 디자인을 찾아야 합니다.

❹ 캔바 앱의 유튜브 썸네일 이미지는 무료와 유료가 혼합되어 목록에 표시됩니다. 썸네일 목록 오른쪽 하단에 보시면 원화 모양(₩) 표시가 있는데 이 표시가 있는 썸네일은 유료로 제공됩니다. 당장 편집은 가능하나 최종본을 저장할 때 유료 결제 창이 나타나게 됩니다. 우리는 무료를 기준으로 이용 중이므로 썸네일 목록을 고를 때 원화 표시가 없는 무료 목록들 중에서 골라주세요. 추후 캔바 이용률이 높아지면 유료 결제도 고려해볼 수 있습니다.

❺ 원하는 썸네일 이미지를 선택하면 이미지 편집 화면이 나타납니다. 여기에서 이미지와 글자, 색상 등을 변경해서 나만의 썸네일로 제작해주어야 합니다.

❻ 수정하고 싶은 글자를 선택하면 아래쪽에 메뉴가 나타납니다. 여기에서 우선은 글자를 수정을 해야 하므로 [편집] 메뉴를 클릭해서 글자를 변경해줍니다.

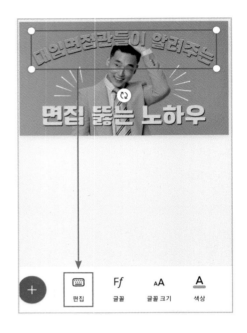

❼ 글자가 2개가 포함된 썸네일 템플릿을 골랐습니다. 이어서 아래쪽 글자도 똑같은 방식으로 변경을 해주겠습니다.

❽ 원하는 글자를 삽입하였으나 기존 템플릿에 있던 글자 수보다 길어져서 글자가 범위를 벗어나버렸습니다. 이때에는 글자 크기를 줄여주는 방식으로 해결할 수 있습니다.

❾ 글자를 선택한 상태에서 아래쪽 메뉴에서 [글꼴 크기]를 클릭합니다.

❿ 글꼴 크기를 적당하게 조절해서 기존 템플릿에 있던 디자인과 비슷하게 만들어줍니다.

⓫ 이제 메인이 되는 이미지를 변경해주겠습니다. 이미지를 선택하고 아래쪽 메뉴에서 [대체]를 클릭합니다.

⓬ 이미지 선택창이 나타나면 여기에 원하는 이미지를 선택해서 변경을 해줍니다. 현재는 썸네일 이미지를 만들고 있으므로 '이미지'를 추가하면 되며, 동영상으로 추가하면 안됩니다.

⓭ 이미지가 변경되었습니다.

⓮ 추가적으로 글꼴을 변경하거나 글자의 색상을 변경할 수도 있습니다. 글꼴(글자체, 폰트)을 변경하려면 [글꼴]을 클릭합니다. 글자의 색상을 변경하고 싶다면 [색상]을 클릭합니다.

❶❺ 작업이 완료되었다면 해당 이미지를 저장해야 합니다. 우측 상단에 있는 '아래 화살표' 버튼이 이미지를 저장하는 버튼입니다. 클릭해줍니다.

❶❻ '디자인 준비 중...'이라는 메시지창이 나타나고 조금 기다리면 저장 작업이 완료됩니다.

❶❼ 이제 갤러리(앨범)에서 잘 저장된 유튜브 썸네일 이미지를 확인해봅니다.

3. 픽셀랩 앱으로 유튜브 썸네일 만들기

캔바 앱을 활용하면 템플릿을 이용하여 누구나 쉽고 간편하게 유튜브용 썸네일 이미지를 만들 수 있습니다. 기존에 만들어진 템플릿을 이용하는 편리한 방식이지만, 마음대로 글자의 색상이나 위치 등을 조정할 수 없어서 자유도가 조금 떨어지는 단점도 있습니다. 즉, 자유도가 낮으면 만들기가 쉬워지고 자유도가 높으면 만들기가 어려워지는 구조입니다. 이번에는 스마트폰으로 유튜브를 운영하는 분들이 많이 사용하는 픽셀랩이라는 앱을 활용하여 유튜브 썸네일을 만들어보겠습니다.

〈기존 앱에서 썸네일 제작〉

〈픽셀랩 앱에서 썸네일 제작〉

▲ 기존 썸네일과 픽셀랩 썸네일의 디자인 비교

픽셀랩 앱을 활용하면, 기존 앱에 비해서는 조금 난이도가 있지만 훨씬 자유롭게 썸네일 이미지를 제작할 수 있으므로 자신만의 창의성을 발휘하기에 좋습니다! 글자를 자유롭게 디자인하고 테두리를 넣거나 원하는 분위기로 연출할 수 있습니다.

픽셀랩 앱 설치하기

먼저 Play 스토어(또는 앱스토어)에 접속하여 상단 검색창에 '픽셀랩' 또는 'PixelLab'를 검색하여 앱을 찾습니다. 앱을 찾았다면, 클릭한 후 설치 버튼을 눌러 설치를 진행하고 설치가 완료되면 '열기'를 클릭하여 앱을 실행합니다.

픽셀랩에서 유튜브 썸네일 이미지 만들기

❶ 픽셀랩 앱을 처음 실행하면 왼쪽 그림처럼 액세스 허용 메시지가 나타납니다. 여기에서 [허용]을 눌러주어야 계속 작업을 이어갈 수 있습니다. 오른쪽 그림이 픽셀랩 앱의 첫 화면입니다.

여기서 잠깐!

픽셀랩 앱은 해외에서 만들어진 앱으로 아쉽게도 한글 메뉴를 지원하지 않습니다. 따라서 대부분의 메뉴가 영문으로 표시되어 있습니다. 하지만 크게 어렵지 않은데다가 여기에서 꼭 필요한 기능을 상세히 설명해드리니 너무 걱정하지 말고 도전해보세요.

❷ 픽셀랩 앱에서 유튜브 썸네일을 만들기 위해 제일 먼저 할 일은 사이즈를 정하는 일입니다. 유튜브 썸네일 이미지는 정해진 사이즈가 있으며, 이 사이즈에 정확하게 맞는 이미지를 만들어야 나중에 잘리는 현상 없이 만들었을 때와 동일한 썸네일 이미지가 보여집니다. 아래쪽 메뉴에서 네모모양의 버튼을 클릭하면 바로 위에 [Image size(이미지 사이즈)] 메뉴가 나타납니다. 이 메뉴를 클릭합니다. 그러면 오른쪽 그림처럼 비율을 정할 수 있는 창이 나타나는데요. 여기에서 [Preset(프리셋)]의 메뉴 단추를 클릭한 다음 [Youtube thumbnail(유튜브 썸네일)]을 클릭합니다.

❸ 그러면 비율이 16:9로 바뀌고 사이즈가 1280×720으로 바뀐 것을 볼 수 있습니다. 해당 비율과 사이즈가 유튜브 썸네일 이미지의 정확한 사이즈입니다. 아래쪽에 [확인]을 클릭합니다. 이제 편집화면이 가로로 살짝 긴 모양으로 바뀝니다.

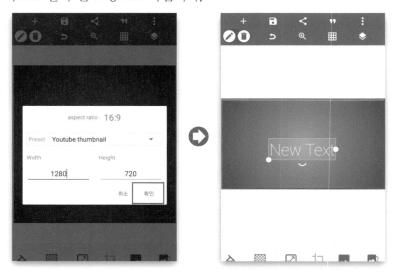

❹ 앱을 처음 실행하면 기본으로 글자가 하나 추가가 되어 있습니다. 이 글자를 그대로 사용해도 괜찮지만, 유튜브 썸네일 제작을 진행하는 과정에서 다소 방해가 될 수 있으므로 미리 삭제해두고 작업을 진행하겠습니다. 글자를 클릭하고 왼쪽 상단에 있는 휴지통 버튼을 클릭하세요.

❺ Confirmation은 '확인'입니다. Delete the selected object?는 '선택한 객체를 삭제하시겠습니까?'라고 물어보는 메시지 창입니다. [확인]을 클릭합니다. 이제 오른쪽처럼 배경만 남아있고 아무 객체도 없는 작업 환경이 만들어졌습니다.

❻ 유튜브 썸네일 이미지를 만들기 위해 제일 먼저 사진을 삽입하겠습니다. 썸네일에서 사진은 무척 중요하니까요. 아래쪽 메뉴에서 네모 모양의 상자를 클릭한 다음 바로 위 메뉴에서 [from galley(갤러리에서 불러오기)]를 클릭합니다. 그러면 최근 순서대로 이미지가 정렬되어 보이는데요. 이 화면에서는 원하는 사진을 선택하기가 까다롭기 때문에 좌측 상단에 있는 석삼자(三) 모양의 아이콘을 클릭하고 '갤러리'를 클릭하여 갤러리 화면으로 들어갑니다.

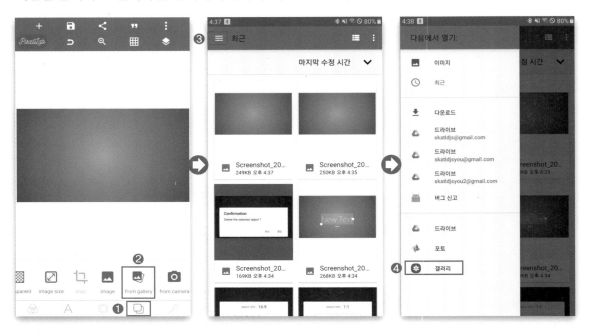

❼ 아래쪽에서 사진형 또는 앨범형으로 정렬한 후 갤러리에서 원하는 이미지를 선택합니다.

❽ 사진이 열리면 원하는 구간을 손가락으로 움직여 선택해야 합니다. 이때 주의할 점은 한 번 추가하고 나면 이미지의 위치를 수정하기 불편해지기 때문에 처음에 이미지의 구간을 잘 설정해야 한다는 점입니다. 원하는 구간으로 설정되면 아래쪽에 있는 체크 모양의 버튼을 클릭합니다. 확인이 완료되면 이전에 만들었던 배경 사이즈에 딱 맞게끔 사진이 편집되어 삽입됩니다.

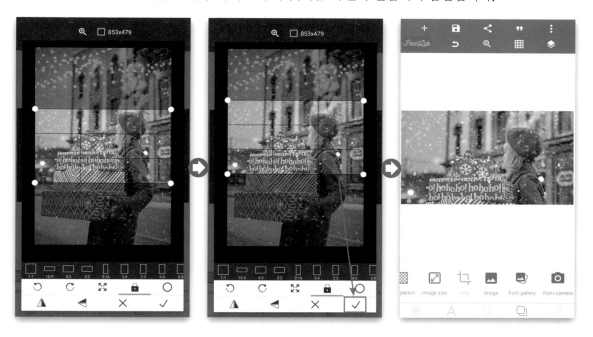

❾ 이제 썸네일 이미지에서 중심 역할을 해 줄 글자를 넣어야 합니다. 아래쪽 메뉴에서 [A]를 찾아 클릭하면 바로 위에 더하기 버튼과 함께 [text]라고 적힌 메뉴가 있는데요. 이걸 클릭하면 오른쪽 그림처럼 글자가 사진 위에 삽입됩니다.

❿ 글자 양 옆에는 흰색으로 된 동그란 버튼이 2개가 있습니다. 모퉁이에 있는 버튼을 손가락으로 잡고 움직이면 글자의 크기를 조절할 수 있습니다. 오른쪽 옆에 있는 버튼은 글자의 줄바꿈을 조절할 수 있는 버튼입니다. 원하는 크기로 만들어보세요.

⓫ 글자를 입력하기 위해서 아래쪽 메뉴에서 [edit] 버튼을 클릭합니다.

⓬ 글자를 수정하세요. 원하는 글자를 넣으시면 됩니다. 글자를 넣은 후 우측 상단에 있는 [OK] 버튼을 클릭합니다. 그러면 해당 글자가 사진 위에 삽입됩니다.

⓭ 글자체를 변경하고 싶다면 아래쪽 메뉴에서 [A]를 클릭한 후 바로 위 메뉴에서 [font]를 클릭합니다. 스마트폰에 설치된 글자체에 따라 여러 가지 글자체를 선택할 수 있습니다.

⑭ 만약 배경이 있는 글자를 만들고 싶다면 아래쪽 메뉴에서 [A]를 클릭한 다음, 바로 위 메뉴에서 [background]을 클릭하고 [Enabled]를 선택해주면 됩니다.

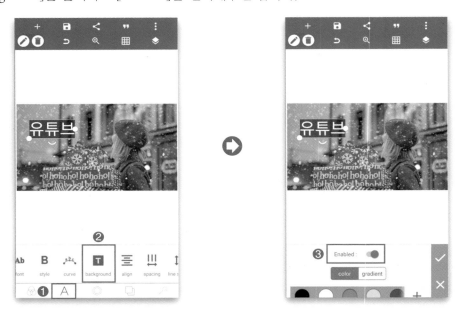

⑮ 이제 글자에 윤곽선을 넣어 잘 보이도록 만들어보겠습니다. 이렇게 글자에 윤곽선을 넣는 작업은 유튜브 썸네일뿐만 아니라 대부분의 SNS에서 인기 있는 방식이며 가독성이 뛰어납니다. 아래쪽 메뉴에서 [A]를 클릭하고 [stroke]를 클릭한 후 [Enable]을 활성화해줍니다. 그리고 메뉴를 아래쪽으로 내리면 색상과 윤곽선의 두께를 결정할 수 있는 메뉴가 있는데요. 여기에서 윤곽선의 색상과 두께를 적절하게 조절하여 원하는 스타일의 글자를 만들어내고, 작업이 다 끝나면 우측에 있는 체크 버튼을 눌러 완료합니다.

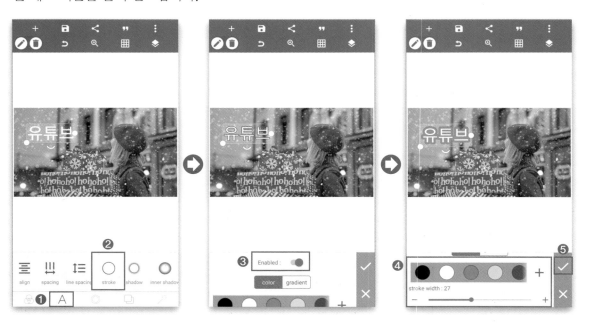

⓰ 글자 추가부터 시작해서 똑같은 작업을 반복하면 서로 다른 색상을 가진 글자를 여러 개 넣을 수 있습니다.

⓱ 작업이 다됐으면 이제 저장을 해야겠죠? 우측 상단에 있는 점 세 개 모양의 버튼을 클릭한 다음 [export image]를 클릭합니다. 그러면 마지막으로 설정창이 나타나는데 저희는 처음부터 사이즈를 지정해두고 작업했으므로 여기에서는 별도로 만질 설정이 없습니다. 바로 아래쪽에 있는 [SAVE TO GALLERY]를 클릭하여 갤러리에 이미지를 저장합니다.

유튜브 썸네일 이미지에 테두리 적용하기

썸네일 이미지의 분위기를 한층 업그레이드해주는 테두리를 넣어보겠습니다.

❶ 아래쪽에서 동그라미 모양의 버튼을 누른 다음, 바로 위 메뉴에서 [shapes]를 클릭합니다. 그러면 사진 위에 네모 상자가 삽입됩니다.

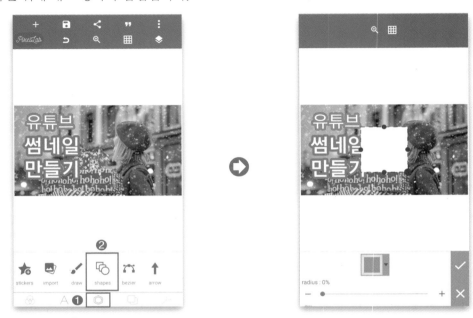

❷ 네모 상자 좌우와 모퉁이에 크기를 조절할 수 있는 버튼이 있습니다. 이 버튼을 손가락으로 잡고 늘려서 화면에 꽉 차도록 만들어줍니다. 정확하게 맞지 않아도 괜찮으니 화면보다 더 크게 만들어서 화면에 꽉 차도록 해주세요.

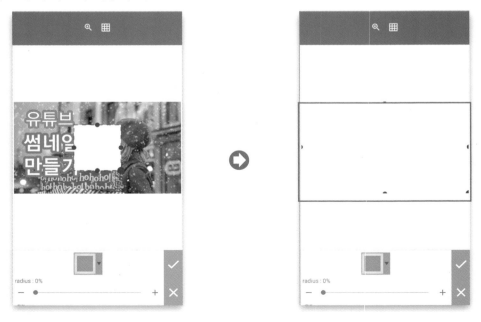

❸ 아래쪽 메뉴에서 Fill 값은 0%으로 설정합니다. Fill은 채우기라는 뜻으로 네모 상자의 색상을 없게 해서 상자 뒤쪽에 있는 글자와 사진이 보이도록 만들기 위해 0%로 설정합니다. 그런 다음 스크롤을 조금 내리면 stroke 값이 있는데요. 이 값은 적당하게 올려줍니다. 최대 50까지 올릴 수 있습니다. 이렇게 하면 벌써 화면에 테두리가 보일 거예요. 그리고 또 스크롤을 조금 더 내려서 stroke color를 설정합니다. 테두리의 색깔을 결정하는 부분입니다.

❹ 여기까지만 작업한 후 저장하여 썸네일 이미지로 사용해도 좋습니다만, 조금 더 정밀한 디자인을 위해 테두리의 위치를 정렬해주도록 하겠습니다. 아래쪽 메뉴에서 relative position을 클릭한 다음 가운데에 있는 가로중앙정렬, 그리고 세로중앙정렬 버튼을 한번씩만 클릭해줍니다. 이렇게 하면 테두리 상자가 화면의 정중앙에 배치되면서 상하좌우 테두리의 두께가 일정하게 보입니다.

❺ 이제 저장을 해야 합니다. 우측 상단에 있는 석삼자 메뉴를 클릭한 후 [export image]를 선택하고 [SAVE TO GALLERY]를 클릭하여 갤러리에 저장하세요.

 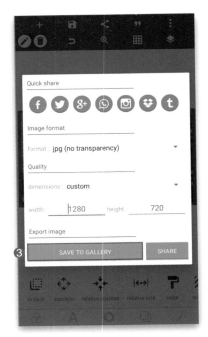

클릭하고 싶어지는 썸네일 만들기

우리가 열심히 만든 동영상을 유튜브에 업로드한다면 되도록 많은 시청자가 조회를 해주는 것이 나을 텐데요. 클릭을 유도하기 위한 썸네일을 만들려면 이미지와 글자의 배치가 중요한 요소가 됩니다. 유튜브에서 시선을 사로잡는 썸네일 이미지들에는 공통점이 있으며, 이런 유형을 우리가 따라해 본다면 더 좋은 결과를 기대해봐도 좋겠죠?

글자를 왼쪽에 배치하는 방법은 유튜브에서 가장 많이 볼 수 있는 스타일의 썸네일 제작 유형입니다. 글자가 왼쪽에 있어서 무난하게 읽히며, 오른쪽에 피사체를 배치하면 자연스럽게 글과 사진을 모두 보여줄 수 있습니다.

글자를 중앙에 배치하는 방법은 이미지보다는 글자 자체를 강조하는 스타일의 썸네일 이미지로, 글자 자체에 내용의 대부분을 포함하고 있을 때 사용하면 좋습니다. 가독성이 뛰어납니다.

글자를 오른쪽에 배치하는 방법은 특수한 경우가 아니라면 잘 사용되지 않는 유형입니다. 글자가 오른쪽에 있으면 눈길이 잘 가지 않으며 상대적으로 가독성이 떨어지게 됩니다.

가능하면 글자를 왼쪽이나 중앙에 배치하고 배경 사진을 오른쪽에 배치하여 자연스러운 시선의 흐름을 만들어보세요.

4. 캔바(Canva) 앱으로 인트로 만들기

인트로는 이름 그대로 동영상의 처음 부분에 들어가는 짧은 소개 영상입니다. 아웃트로는 영상의 끝부분에 들어가서 구독을 유도하거나 내 유튜브 채널의 다른 영상을 이어서 볼 수 있게끔 유도할 수 있습니다. 범퍼 영상은 주제가 바뀌거나 잠깐의 분위기 전환이 필요할 때 사용하면 효과적입니다. 보통 범퍼 영상은 오래된 TV의 화면조정 효과처럼 짧은 스타일로 많이 사용합니다. 인트로와 아웃트로, 범퍼 영상은 영상의 총 길이를 길게 만들어주면서도 핵심 내용을 지루하지 않게 만드는 부가적인 효과도 있습니다. 짧은 영상이라면 어떤 영상이라도 인트로와 아웃트로, 범퍼 영상으로 쓸 수 있습니다. 이 장에서는 캔바 앱을 이용해 인트로 영상을 만드는 방법을 알아봅니다.

❶ 캔바 첫화면에서 스크롤을 내려 [YouTube 동영상]을 찾고 '모두 보기'를 클릭합니다.

❷ 다양한 템플릿들을 만나볼 수 있습니다. 이 템플릿들 중에서 자신이 인트로 영상으로 사용할 템플릿을 골라서 편집 후 활용하면 됩니다.

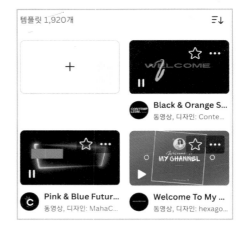

❸ 썸네일 이미지를 제작할 때와 마찬가지로 캔바에서 YouTube 동영상 템플릿을 이용할 경우에도 무료 템플릿과 유료 템플릿으로 구분이 되어 있습니다. 유료 템플릿은 유료 결제 사용자를 위한 템플릿이며, 여기에서는 무료 템플릿으로 골라봅니다.

❹ 5.5초의 길이를 가지고 있는 'Welcome to my channel'이라는 템플릿을 선택했습니다.

❺ 작업 방식은 캔바 앱에서 썸네일 이미지를 제작할 때와 동일합니다. 차이점이라면 썸네일은 이미지이며, 인트로는 동영상이라는 점 정도입니다. 먼저 텍스트를 변경해주고 이미지를 변경해주는 순서로 작업을 이어갑니다.

❻ 글자 요소를 먼저 변경을 해주었습니다. 이제 이미지를 변경해줍니다.

❼ 변경할 이미지를 선택한 상태에서 아래쪽 메뉴에서 [대체]를 클릭하여 원하는 이미지로 변경해줍니다.

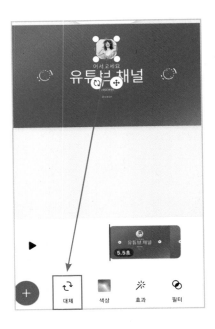

❽ 이미지 변경이 완료되었습니다.

❾ 화면 아래쪽에 재생 버튼이 있습니다. 이 재생버튼을 클릭하여 영상을 확인해보세요!

⓵⓪ 이제 저장을 할 차례입니다. 우측 상단에 있는 공유 버튼을 클릭합니다.

⓵⓵ '다운로드' 버튼을 클릭합니다.

⓵⓶ 파일 형식을 지정하는 창이 나타납니다. 특별한 경우가 아니라면 기본으로 지정이 되어있는 'MP4 동영상'으로 저장하면 됩니다. 화면 아래쪽에 있는 '다운로드'를 클릭하여 저장합니다.

10 : 유튜브 동영상 업로드하기

1. 유튜브에 동영상 업로드하기

지금까지 유튜브에 채널을 개설하고 영상 기획안을 만들어서 기획안에 따라 촬영을 진행한 다음 영상을 편집했고 시청자를 사로잡을 썸네일 이미지까지 제작하였습니다. 드디어 유튜브라는 전 세계인들이 사랑하는 동영상 플랫폼에 자신만의 동영상을 업로드할 차례입니다. 전혀 어렵지 않으며 무엇보다 유튜브에 동영상을 올리는 일은 무척 재미있습니다.

> **여기서 잠깐!**
>
> 유튜브에 동영상을 업로드하는 작업은 PC와 스마트폰 양쪽에서 모두 가능합니다. 지금껏 스마트폰으로 촬영하고 스마트폰으로 편집을 이어왔으므로, 여기에서는 스마트폰에서 업로드하는 방법을 다룹니다.

❶ 유튜브 앱을 실행한 후 아래쪽에 있는 '⊕' 모양 아이콘을 누릅니다. 이 버튼이 동영상을 업로드할 때 사용하는 버튼입니다.

❷ [만들기] 메뉴가 나타납니다. 여기에서 두 번째에 있는 [동영상 업로드] 버튼을 클릭합니다. 실시간 스트리밍은 실시간 방송을 시작할 수 있는 버튼입니다.

여기서 잠깐!

스마트폰에서는 구독자 1,000명이 넘어야만 실시간 방송을 할 수 있습니다.

실시간 스트리밍 사용

실시간 스트림을 만들기 전에 채널에서 실시간 스트리밍을 사용할 수 있도록 설정해야 합니다.

1. 채널 인증을 받았으며 최근 90일 동안 실시간 스트리밍 제한이 없는지 확인합니다.
  • 참고 : 휴대기기에서 실시간 스트림을 사용하려면 앞에 자격요건 외에 채널의 구독자가 1,000명 이상이어야 합니다.
2. 실시간 스트리밍 사용 설정 :
  • 데스크톱의 경우 크리에이터 스튜디오 도구에서 '실시간 스트리밍' 탭으로 이동합니다.

  참고 : 처음 실시간 스트림을 사용 설정하기까지 최대 24시간이 걸릴 수 있습니다. 한 번 사용 설정되면 즉시 실시간 스트림을 시작할 수 있습니다.

❸ 업로드할 동영상을 선택하는 창이 나타납니다. 여기에서 편집이 완료되어 저장한 동영상을 선택합니다.

❹ 오른쪽 아래에 있는 [다음] 버튼을 클릭합니다.

❺ 이제 동영상의 제목과 설명 글을 적어줍니다. 유튜브에서 제목과 설명은 무척 중요하며 특히 제목이 중요합니다. 따라서 신중하게 작성해주세요. 제목은 글자수 100자 제한이 있으며, 설명 글은 5,000자 제한이 있습니다. 설명 글에는 동영상의 내용이 충분히 표현되도록 적어주세요.

❻ 아래쪽에서 공개 여부를 결정합니다. 보통 공개로 설정합니다.

❶ 공개 : 일반적인 동영상 업로드 방법입니다. 유튜브에
서 다른 사람들도 내 영상을 볼 수 있습니다.

❷ 일부 공개 : 유튜브에서는 내 동영상을 볼 수 없지만
동영상의 링크를 공유하면 링크가 있는 사람들은 영
상을 볼 수 있습니다.

❸ 비공개 : 나만 영상을 볼 수 있습니다.

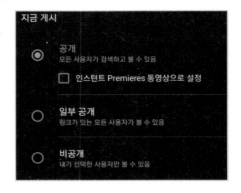

❼ 동영상의 위치를 지정할 수 있습니다. 보통 위치 입력은 동영상의 내용과 위치가 관련이 깊을
때 사용됩니다. 예를 들어 인천공항과 관련된 영상이라면, 인천공항이라는 위치 태그를 넣어줄 수
있습니다. 유튜브에는 위치를 검색하는 기능이 있으므로 이렇게하면 다른 사람들이 내 영상을 검
색할 때 좀 더 쉽게 찾아낼 수 있습니다. 특정 지역 여행 영상일 때, 해당 지역의 위치를 넣어주면
좋겠죠?

❽ 입력이 모두 끝났다면, 화면 우측 상단에 있는 [다
음] 버튼을 클릭합니다. 이 버튼이 동영상을 업로드하는
버튼입니다.

❾ 시청자층을 선택합니다. 온라인 개인정보 보호법과 관련하여 해당 동영상이 아동용인지 아닌지를 업로드하는 사람이 직접 지정하도록 해두고 있습니다. 아동용 콘텐츠를 제작하지 않는 크리에이터도 시청자층을 설정해야 합니다.

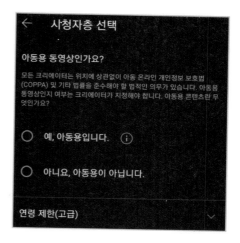

❶ **아동용 동영상** : 아동용 동영상에서는 개인 맞춤 광고가 게재되지 않습니다.

❷ **아동용 아님** : 아동용이 아닌 모든 동영상입니다.

추가적으로 연령 제한이 필요할 경우(예를 들어 성인만 시청이 가능한 동영상을 만들 경우)에는 아래쪽에 있는 연령 제한(고급)을 클릭하여 동영상 시청자를 만 18세 이상으로 제한할 수 있습니다.

❿ 현재 동영상은 아동용이 아니므로 아동용이 아닌 동영상으로 선택하고, 아래쪽에 있는 [동영상 업로드] 버튼을 클릭합니다. 동영상의 업로드는 시간이 다소 소요되며 영상의 길이와 인터넷 환경에 따라 소요되는 시간이 달라집니다. 느긋하게 기다려주세요.

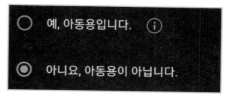

⓫ 업로드가 완료되었다면 이제 언제든지 자신의 유튜브 채널에서 해당 영상을 감상할 수 있습니다. 우측 상단에 있는 자신의 프로필을 클릭하고 [내 채널]로 들어갑니다. 자신의 유튜브 채널이 나오면서 업로드한 영상에서 방금 업로드한 동영상을 시청해보세요.

유튜브 동영상 제목을 짓는 전략

모든 SNS 플랫폼에서 제목은 무척 중요합니다. 유튜브도 예외는 아닌데요. 동영상이 훌륭하고 썸네일이 시선을 사로잡는다고 하더라도 제목이 명확하지 않으면 원하는 결과를 얻기가 어려울 것입니다. 해당 콘텐츠의 핵심적인 내용을 쉽게 알 수 있도록 짧고 임팩트 있게 제목을 지어야 합니다.

▲ 유튜브 인기 탭에 등록된 영상의 제목들

잠재 시청자의 클릭을 유도하려면, 제목이 호기심을 자극하거나 썸네일과 잘 어울려야 합니다. 제목을 짓는데 시간을 충분히 투자하세요. 나중에 검색하는 사용자들을 위해 키워드를 넣는 것도 잊지마세요! 예를 들어 서울 여행이 주제인 영상이라면, '서울'과 '여행'은 가능하면 제목에 포함시키는 것이 좋습니다. 그렇다고 너무 길게 제목을 지으면 내용을 알아보기 어려우므로 적당한 길이를 찾아보세요. 평균 공백 포함 50자 안으로 지으면 제목이 잘리지 않는 상태에서 시청자에게 보여줄 수 있습니다.

만약 동영상을 올린 후에도 생각만큼 조회수나 시청자 유입이 되지 않는다고 판단되면 제목이 문제일지도 모릅니다. 이때에는 제목을 수정해보세요. 종종 동영상의 제목을 수정해보는 것도 유튜브 채널을 성장시키는데 도움이 됩니다.

2. 동영상에 썸네일 등록하기

이제 업로드한 유튜브 동영상에 별도로 제작했었던 썸네일을 등록해야 합니다.

❶ Play 스토어에 접속하여 유튜브 스튜디오라고 검색한 다음 YouTube Studio 앱을 설치하여 실행합니다. 유튜브 스튜디오 앱은 스마트폰에서 손쉽게 유튜브를 관리할 수 있도록 도와주는 유튜브 관리용 앱입니다(유튜브 스튜디오에 대해서는 다음 장에서 자세히 설명합니다).

❷ 유튜브 스튜디오 앱 화면 아래에서 썸네일을 수정하고 싶은 동영상을 클릭합니다.

❸ 그러면 우측 상단에 연필 모양의 아이콘을 볼 수 있는데 이 아이콘이 동영상을 수정하는 수정 버튼입니다.

❹ 수정 버튼을 클릭한 후 '동영상 수정' 메뉴가 나타나면, 여기에서 다시 화면의 연필 모양 아이콘을 클릭합니다.

❺ 그러면 '맞춤 썸네일'이라는 버튼이 나타나는데 이 버튼을 클릭해 줍니다. 그리고 이미지 선택 창이 나타나면, 앞서 캔바(Canva)에서 제작했던 썸네일 이미지를 선택해줍니다.

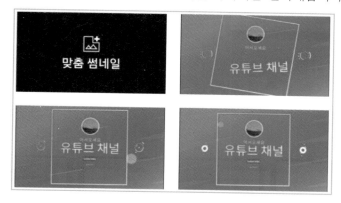

❻ 내가 선택한 썸네일 이미지가 맞는지 확인합니다.

❼ 마지막으로 우측 상단에 있는 [완료] 버튼을 클릭합니다. 그리고 다시 [저장] 버튼을 클릭합니다.

❽ 이제 정상적으로 썸네일 이미지가 동영상에 적용된 것을 볼 수 있습니다. 혹시라도 동영상과 썸네일의 연관성이 부족하다는 생각이 든다면 썸네일 이미지를 다시 제작하여 다른 썸네일로 변경 해보는 것도 좋습니다.

3. 동영상 수정하기

동영상 제목이나 설명에 오타, 공개설정 여부 변경, 카테고리 설정 등을 하고 싶다면 동영상을 수정해야 합니다. 스마트폰 유튜브 스튜디오 앱에서도 많은 기능을 제공하고 있습니다.

❶ 유튜브 스튜디오 앱을 실행한 다음, 수정하고 싶은 동영상을 클릭하고 우측 상단에 있는 연필 모양의 수정 버튼을 클릭합니다.

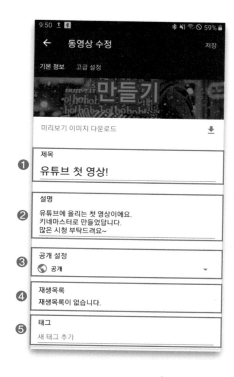

❶ 동영상의 제목을 수정합니다.

❷ 동영상의 설명을 수정합니다.

❸ 동영상의 공개 설정을 변경합니다.

❹ 재생목록을 확인합니다. 재생목록에 대해서는 다음 장에서 자세히 설명합니다.

❺ 태그를 넣습니다. 태그에 대해서는 13장에서 자세히 설명합니다.

❷ 이제 아래쪽에 있는 [추가 옵션]을 클릭하세요.

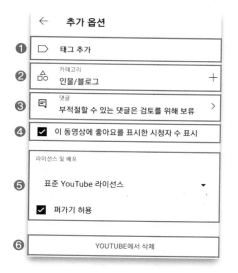

❶ 동영상에 태그를 추가합니다.

❷ 동영상의 카테고리를 결정합니다. 해당 영상의 주제에 잘 맞는 카테고리로 고르세요.

❸ 부정적인 댓글을 보류할지 결정합니다.

❹ 해당 동영상에 좋아요 숫자를 표시할지를 결정합니다.

❺ 유튜브 동영상의 라이선스와 소유권을 결정합니다. 특별한 경우가 아니라면, 표준 YouTube 라이선스로 선택합니다. 퍼가기 허용 여부도 결정합니다.

❻ 해당 동영상을 유튜브에서 삭제할 때 사용합니다.

작업이 모두 끝나면 한 칸 뒤로 이동한 다음, 우측 상단에 있는 [저장] 버튼을 눌러 수정을 완료합니다.

유튜브 동영상의 적절한 길이는?

여러분들이 유튜브를 시작하고 동영상을 단순히 시청하는 시청자가 아니라 동영상을 제작하는 크리에이터로 활동하면 한가지 궁금증이 생길 수 있습니다. '도대체 유튜브 동영상의 적절한 길이는 어느 정도일까?' 영상의 길이가 긴 게 좋을까요? 아니면 짧은게 좋을까요?

유튜브에 올릴 동영상의 적절한 길이에 대해서는 다양한 주장이 있습니다. 긴쪽이 유리하다는 이야기도 있고, 차라리 짧은 영상 여러 개가 낫다는 주장도 있죠.

보통은 구독자수나 조회수를 따지지만, 실제로 유튜브에서 해당 영상의 품질과 능력을 평가하는 주요 수치는 '시청시간' 입니다. 즉 시청시간이 길면 해당 영상이 재미있고 유익하다는 뜻이 되고, 시청시간이 짧으면 지루하고 유익하지 않은 영상이라고 판단하는 셈입니다. 따라서 동영상을 제작하는 입장인 우리 크리에이터분들에게는 당장의 구독자나 조회수보다는 시청시간이 아주 중요한 수치가 됩니다.

업로드 날짜	구분	길이	기능별	정렬기준
지난 1시간	동영상	단편(4분 이하)	실시간	**관련성**
오늘	채널	장편(20분 이상)	4K	업로드 날짜
이번 주	재생목록		HD	조회수
이번 달	영화		자막	평점
올해	프로그램		크리에이티브 커먼즈	
			360°	
			VR180	
			3D	
			HDR	
			위치	
			구입한 항목	

유튜브에서는 4분 이하는 단편으로, 20분 이상이면 장편으로 체크합니다. 4분 이상~20분 이하는 중편이라고 할 수 있겠네요. 유튜브에 업로드되는 대부분의 영상이 중편이라는 점을 눈여겨 볼 필요가 있습니다. 너무 길면 지루해지고 너무 짧으면 하나의 영상에서 효과적으로 메시지를 전달하기 어렵기 때문에 우리가 만드는 일반적인 영상들은 대부분 10분~15분 내외로 만들어질 가능성이 높습니다.

과거에는 동영상의 길이가 길면 시청시간이 많이 늘어날 수 있다는 이야기에 따라 똑같은 영상을 2번 혹은 3번 반복해서 편집하는 등의 편법이 유행했었습니다. 그러나 이런 영상들은 대부분 원하는 결과를 얻지 못했죠. 시청시간이 짧게 나왔기 때문입니다. 영상의 길이가 무조건 긴 것이 좋은건 아닙니다. 동영상이 무조건 길어야 한다면, 유튜브에서 수억회 이상 조회되는 3분짜리 뮤직비디오를 우리는 보지 못할 것입니다.

그렇다면, 과연 어느 정도의 동영상 길이가 적절할까요? 정답은 '동영상의 길이를 신경쓰지 말고 콘텐츠에 집중하라' 입니다. 자신이 표현할 내용이 8분이면 8분 영상으로, 내용이 15분 짜리라면 15분으로 만들면 됩니다. 결국 동영상을 재미있고 유익하게 만드는 것이 훨씬 중요하며 길이는 크게 중요하지 않다는 뜻입니다.

해당 내용은 제 의견이기도 하지만, 유튜브 크리에이터 공식 채널의 이야기이기도 합니다. 자세한 사항은 아래 동영상에서 확인해보세요! 길이가 3분으로 가볍게 시청할 수 있습니다.

완벽한 동영상 길이 KOR H264
1920x1080 20191210
YouTube Creators ✔ 조회수 13만회
설명 추가 구독 및 종 모양 아이콘을 클릭하여 새 동영상 알림 설정:
https://goo.gl/So4XIG ▶ 고객센터 방문하기: https://goo.gl/fBzr7

▲ 유튜브 크리에이터 공식 채널의 유튜브 길이에 대한 설명

영상 링크	QR코드로 바로보기
https://youtu.be/G1tHzUGdMwY	

11 : 유튜브 크리에이터 스튜디오 알아보기

1. 유튜브 크리에이터 스튜디오

유튜브에서 제공하는 유튜브 크리에이터 스튜디오는 크리에이터가 사용하는 유튜브 채널 및 동영상 관리자 화면입니다. 유튜브 동영상에는 여러 가지 부가 기능을 넣을 수 있는데요. 유튜브 크리에이터 스튜디오를 활용하면 통계 분석을 비롯해 자막, 음악, 저작권, 수익, 재생목록 등을 확인하고 관리할 수 있습니다. 따라서 대부분의 유튜브 크리에이터들이 자주 확인해야 할 곳이 바로 이 유튜브 크리에이터 스튜디오라고 할 수 있습니다. 이전 장에서 유튜브 동영상의 제목과 설명을 수정하고 썸네일 이미지를 변경하는 등의 작업도 사실은 이 유튜브 크리에이터 스튜디오에서 진행한 것이랍니다. 유튜브에서 활동하는 동영상 제작자라면 반드시 필요한 유튜브 크리에이터 스튜디오. 이번 장에서는 전체적인 유튜브 크리에이터 스튜디오를 살펴보고 각 기능을 하나씩 소개해드릴게요.

여기서 잠깐!

유튜브 크리에이터 스튜디오 환경은 PC와 스마트폰 양쪽에서 가능합니다. 유튜브 스튜디오를 100% 활용하려면 PC에서 관리하는 것이 좋으며, 스마트폰에서는 기능이 간소화 되어 있습니다. 각 기능들을 알아보는 차원에서 여기에서는 PC화면으로 설명하며, 스마트폰용 유튜브 스튜디오는 마지막에 소개합니다.

❶ 유튜브에 접속한 다음, 우측 상단에 있는 자신의 프로필을 클릭하고 [YouTube 스튜디오] 버튼을 클릭합니다.

또는 내 채널의 우측에 있는 파란색 버튼으로 접속할 수도 있습니다.

❷ 채널 대시보드라는 화면이 나타나면 유튜브 크리에이터 스튜디오에 접속이 된 것입니다. 여기에서 다양한 메뉴들을 활용하여 유튜브 채널과 동영상을 관리합니다.

여기서 잠깐!

유튜브 크리에이터 스튜디오 환경은 최근에 업데이트되었습니다. 이제 유튜브에서 크리에이터 스튜디오는 '이전 버전'과 '현재 버전'으로 나뉘어 있습니다. 여기에서는 '현재 버전'으로 설명합니다.

대시보드

대시보드 화면은 유튜브 채널과 동영상 통계 등을 한 눈에 모아서 보는 관리자 화면의 첫 페이지입니다. 최근 업로드된 동영상의 수치와 최근 게시물(커뮤니티 게시물), 최근에 인기 있는 동영상을 비롯해 채널 분석 등을 요약해서 볼 때 활용합니다. 최근 업로드된 동영상의 조회수와 평균 시청시간, 최신 게시물의 좋아요와 댓글 수, 채널 분석 요약, 그리고 유튜브 공식 채널에서 알려주는 다양한 뉴스들과 기능들을 살펴볼 수 있습니다.

우측 상단에 있는 3개의 버튼은 동영상을 업로드하거나, 실시간 스트리밍(라이브 방송)을 시작하거나, 커뮤니티 게시물을 작성할 때 사용합니다. 최근 48시간 동안의 인기 동영상도 확인할 수 있습니다. 더불어 화면 제일 위에 있는 검색창을 이용하면 자신의 유튜브 채널 내에서 원하는 영상을 찾을 수 있습니다. 화면 아래쪽에서는 최근 구독자 수도 확인 가능합니다.

동영상

동영상 탭은 이름 그대로 유튜브에 업로드한 동영상을 세부적으로 관리할 수 있는 공간입니다. 각 동영상의 공개 상태와 수익창출 여부, 제한 사항(저작권 위반 등), 업로드 날짜 등을 목록형으로 표시해주므로 일목요연하게 확인할 수 있습니다. 실시간 스트리밍 영상의 경우 별도로 관리합니다. 필터 창을 이용하면 여러 가지 조건으로 동영상을 검색할 수 있습니다.

동영상에 마우스를 올려보면 4개의 메뉴가 추가적으로 나타납니다.

❶ 세부정보 : 동영상의 세부정보를 수정합니다. 예를 들어 제목이나 설명 글을 수정할 수 있습니다.

❷ 분석 : 해당 동영상의 통계를 확인합니다.

❸ 댓글 : 해당 동영상과 관련된 댓글을 확인하고 관리합니다.

❹ 추가적인 기능을 볼 수 있습니다.

추가 기능 버튼(⋮) 을 누르면 다시 6개의 메뉴를 볼 수 있습니다.

❶ 제목 및 설명을 수정합니다.

❷ 해당 영상을 유튜브 페이지에서 시청합니다.

❸ 해당 동영상 고유의 URL 링크를 복사합니다. 이렇게 복사한 링크는 다른 곳에 붙여넣기 하여 공유할 수 있습니다.

❹ 홍보하기는 구글에서 운영하는 구글 애드 시스템을 이용해 비용을 지불하고, 내 동영상을 홍보하는 기능입니다. 이 부분은 13장에서 자세하게 설명합니다.

❺ 해당 동영상을 다운 받습니다. 이때에는 원본으로 다운로드되는 것처럼 보이지만, 실제로는 유튜브에 업로드된 동영상을 다운로드하는 것입니다. 유튜브에서는 동영상이 올라갈 때 유튜브 시스템 자체에서 영상을 적절하게 압축합니다. 그래야만 낮은 용량으로 더 빠르게 재생할 수 있기 때문이죠. 따라서 이렇게 다운로드한 영상은 처음 올릴 때 보다는 용량이 줄어들고 약간의 화질 손해가 있을 수 있습니다.

❻ 유튜브 동영상을 삭제합니다. 한 번 삭제하면 되돌릴 수 없으므로 삭제는 신중하게 결정하세요.

재생목록

재생목록은 유튜브 채널을 운영하는 크리에이터가 직접 만드는 일종의 동영상 묶음입니다. 동영상을 분류해두는 방식이라고 이해하면 쉽겠네요. 대형마트에 가면 라면코너, 음료코너처럼 상품별로 구역이 나뉘어져 있어서 원하는 물품을 찾기가 편리해집니다. 유튜브 채널에서도 마찬가지로 동영상의 주제에 따라 분류를 해두면 나중에 찾기가 쉬워지고 관련된 내용을 모아서 시청할 수 있어서 유익합니다.

일반적으로 유튜브 채널에는 핵심 주제의 영상이 많이 올라가게 되는데요. 예를 들어 일상을 다루는 채널이라면 맛집 탐방이나 학교 생활, 또는 취미 활동 등 여러 가지 중심 주제로 분류할 수 있습니다. 따라서 재생목록은 종류별로 동영상을 담아두는 폴더 같은 개념이라고 할 수 있습니다. 하나의 동영상은 여러 개의 재생목록에 담을 수 있습니다.

재생목록의 영상을 시청할 경우에는 오른쪽에 재생목록 동영상의 리스트가 나타납니다. 동영상이 순서대로 자동으로 재생되면서 시청자를 더 오래도록 사로잡을 수 있는 셈이죠. 이렇게 하면 자연스럽게 시청시간이 늘어나 내 유튜브 채널에 긍정적인 영향을 줄 것입니다.

재생목록의 또 다른 장점은 유튜브 검색 결과에서 재생목록이 검색될 수 있다는 점입니다. 예비 구독자가 검색결과에서 재생목록을 클릭하여 시청한다면 더 풍성한 정보를 얻을 수 있으므로 구독으로 이어질 확률이 높습니다. 더불어 많은 시청자들이 관심분야의 동영상을 재생목록을 통해 체계적으로 시청하고 싶어 합니다. 따라서 명확하고 훌륭한 재생목록을 만드는 건 유튜브 크리에이터 활동에서 대단히 중요한 요소라는 점! 꼭 기억해주세요.

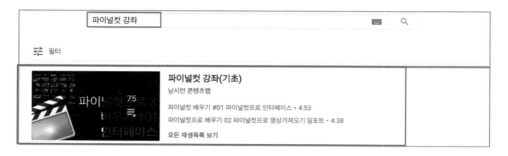

재생목록 만들기

재생목록은 동영상을 분류하고 담아두는 통 같은 개념인데요. 동영상을 담으려면 먼저 통이 있어야겠죠? 재생목록을 만들어보겠습니다.

❶ 유튜브 크리에이터 스튜디오에서 왼쪽에 있는 [재생목록]을 클릭합니다.

❷ 재생목록이 없다면 [새 재생목록]을 클릭하여 재생목록을 만듭니다.

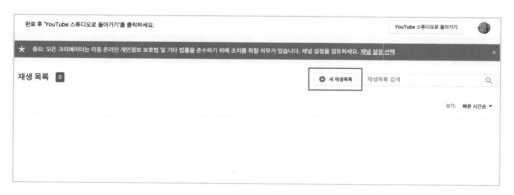

❸ 재생목록의 제목을 입력해준 다음 아래쪽에서 공개 여부를 설정합니다. 다른 사람들에게 보여줄 목적을 가진 재생목록은 '공개'를 선택합니다. 그런 다음 [만들기]를 클릭하세요. 이제 재생목록이 생성되었습니다.

❹ 재생목록 수정 화면에서는 재생목록의 제목과 설명을 입력할 수 있습니다. 제목이 중요하지만 설명글도 중요한 부분이니 꼼꼼하게 작성해주세요.

독자 Q&A Q. 재생목록의 설명은 어떤 부분에 나타나나요?

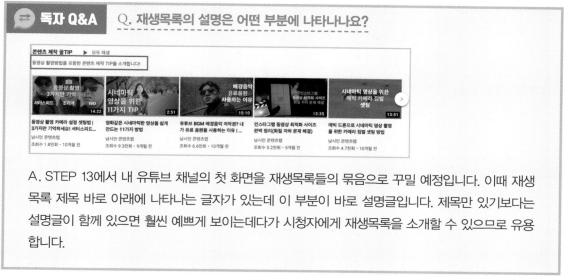

A. STEP 13에서 내 유튜브 채널의 첫 화면을 재생목록들의 묶음으로 꾸밀 예정입니다. 이때 재생목록 제목 바로 아래에 나타나는 글자가 있는데 이 부분이 바로 설명글입니다. 제목만 있기보다는 설명글이 함께 있으면 훨씬 예쁘게 보이는데다가 시청자에게 재생목록을 소개할 수 있으므로 유용합니다.

재생목록에 동영상 추가하기

❶ 이제 다시 유튜브 크리에이터 스튜디오로 들어가세요. 그런 다음 왼쪽 메뉴에서 [동영상]을 클릭하여 동영상 목록을 나타나게 한 후 재생목록에 추가하고 싶은 동영상의 [세부정보]로 들어갑니다.

❷ 동영상 세부정보 화면에서 우측에 있는 [재생목록] 버튼을 클릭하세요.

❸ 생성한 재생목록에 체크해준 다음 [완료]를 클릭하세요. 그러면 재생목록에서 내가 선택한 재생목록 제목이 보입니다. 문제없이 재생목록이 지정되었다면, 상단에 있는 [저장] 버튼을 클릭하세요.

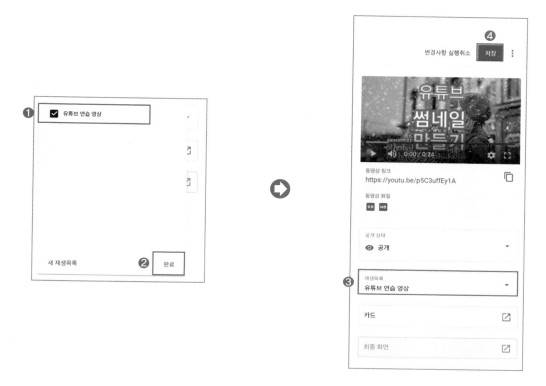

❹ 이제 유튜브 채널 상단 메뉴에서 [재생목록]으로 들어가보면 내가 만든 재생목록과 그 재생목록에 포함된 동영상을 볼 수 있습니다.

스마트폰에서 재생목록에 동영상 추가하기

동영상을 올리는 과정에서 바로 재생목록에 추가할 수도 있습니다. 하지만 이 기능은 현재 PC에서만 지원하며 스마트폰 환경에서는 지원하지 않습니다. 따라서 스마트폰에서는 먼저 동영상을 올린 후, 동영상 수정으로 들어가서 재생목록에 추가하는 방식을 사용해야 합니다.

❶ 스마트폰에서 YouTube 스튜디오 앱을 실행합니다. 그런 다음 재생목록에 추가하고 싶은 동영상을 선택하고 연필 모양의 수정 버튼을 클릭한 후 아래쪽에서 재생목록을 클릭합니다.

❷ 원하는 재생목록을 선택한 후 [저장] 버튼을 누릅니다. 이렇게 하면 좀 더 편리하게 재생목록을 지정할 수 있습니다. 재생목록이 잘못 지정되었거나 재생목록을 수정할 때에도 이 방법을 유용하게 사용할 수 있습니다.

분석

분석 탭은 자신의 유튜브 채널에 대한 자세한 통계 결과를 확인할 수 있는 공간입니다. 실제로 유튜브를 운영해 나가면서 자주 확인해야 할 곳 중 하나인데요. 다양한 조건으로 분석 결과가 나오므로 자신의 유튜브 채널과 동영상의 파급력 등을 보다 객관적으로 확인할 수 있습니다. 잘된 부분은 살리고 잘못된 부분을 보완할 때에도 분석 결과를 참고하면 큰 도움이 됩니다.

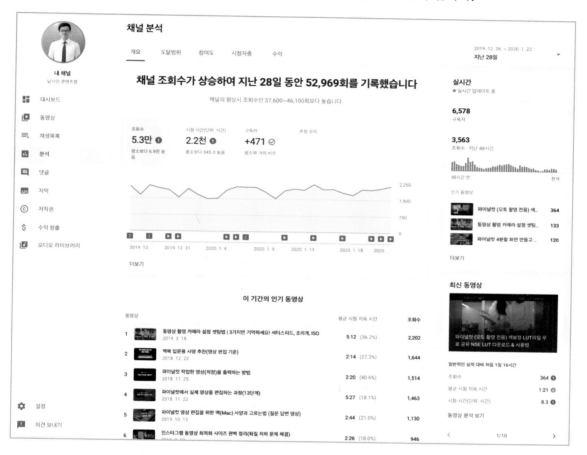

여기에서는 우선 분석 기능을 이용해 내 채널의 통계를 확인할 수 있다 정도로 이해하고 넘어가겠습니다. 유튜브 크리에이터 스튜디오에서 분석 기능을 활용하여 자신의 채널을 진단하고 장단점을 체크하며 앞으로의 운영 전략을 수립하는 자세한 방법에 대해서는 STEP 13에서 자세히 소개합니다.

댓글

댓글 탭에서는 내 유튜브 동영상에 달린 댓글을 모두 확인할 수 있습니다. 유튜브에서는 구독자 또는 시청자들과 댓글을 통해 소통하는 것도 매우 중요합니다. 따라서 시간이 난다면 최대한 댓글로 다른 사람들과 소통하려고 노력해야 합니다. 모든 영상을 하나하나 다 들어가면서 댓글을 체크하는 건 사실상 불가능하므로 유튜브 크리에이터 스튜디오의 댓글 탭에서 댓글을 모아보고 확인하면 됩니다. 댓글 오른쪽에는 어떤 영상에 댓글이 달렸는지 직관적으로 알려주기 때문에 내용을 파악하기 쉽습니다.

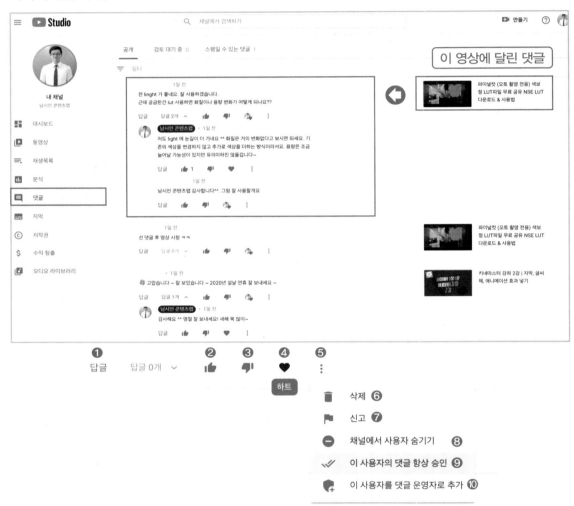

❶ 해당 댓글에 답글을 답니다.

❷ 해당 댓글에 '좋아요'를 누릅니다. '좋아요'는 익명으로 처리됩니다.

❸ 해당 댓글에 '싫어요'를 누릅니다. '싫어요'도 익명으로 처리됩니다.

❹ 댓글에 감사 인사를 뜻하는 하트를 표현합니다.

❺ 댓글 관련된 부가 기능을 선택하는 버튼입니다.

❻ 해당 댓글을 삭제합니다.

❼ 해당 댓글을 신고합니다.

❽ 유튜브 채널에서 해당 사용자를 숨기기 처리하여 보이지 않게 만듭니다.

❾ 유튜브에서는 댓글을 공개처리 하지 않고 검토로 분류해두는 기능이 있는데, 검토 설정일 때 해당 사용자의 댓글을 항상 승인으로 변경하는 기능입니다.

❿ 해당 사용자를 댓글 운영자로 추가합니다. 댓글 운영자가 되면 해당 채널의 댓글을 다른 사람도 관리할 수 있게 됩니다. 댓글 운영자로 추가한다고 하더라도 해당 사용자에게 알림이 전송되지 않으므로 직접 알려주어야 합니다.

댓글 화면 상단에는 필터가 자리잡고 있습니다. 이 필터를 활용해 자신이 원하는 댓글을 검색해 낼 수 있습니다.

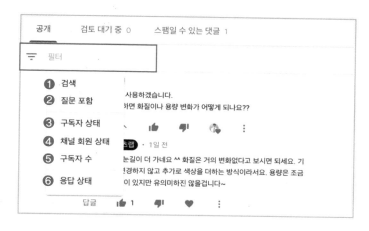

❶ 검색어를 입력하여 댓글을 검색한 후 찾아냅니다.

❷ 질문이 포함된 댓글만 모아서 봅니다. 유튜브에서는 물음표(?)가 포함된 댓글을 질문이라고 판단, 질문 포함을 클릭하면 물음표가 포함된 댓글들이 나열됩니다.

❸ 내 채널을 구독한 사람의 댓글만 모아서 보거나 구독하지 않은 사람의 댓글만 모아서 볼 수 있는 기능입니다. 단, 이때에는 유튜브 구독 리스트를 공개한 사용자에게만 적용되며, 구독 상태를 비공개로 설정한 사용자에겐 적용되지 않습니다.

❹ 유튜브 채널에는 멤버십이라고 하는 별도의 가입 기능이 있는데요. 이 멤버십에 가입한 사람들의 댓글만 모아서 볼 때 사용하는 기능입니다.

❺ 구독자 숫자를 기준으로 설정하여 댓글을 모아서 봅니다(ⓔ 구독자 1,000명 이상을 가진 사용자의 댓글만 확인).

❻ 내가 응답한 댓글과 응답하지 않은 댓글만 따로 분리해서 확인합니다.

자막

영상에 자막을 추가하거나 관리하는 화면입니다. 동영상을 업로드하면 기본적으로 한국어의 경우 한국어(자동번역)를 통해 한국어 자막이 추가됩니다. 별도로 제작한 자막이 있을 경우 오른쪽에 있는 추가 버튼을 클릭하여 자막 파일을 업로드해주면 해외 시청자들이 자신들의 언어로 자막을 볼 수 있습니다. 다양한 언어의 자막을 추가할 수 있으며, 커뮤니티 기능으로 다른 사람이 내 영상의 자막을 대신 제작해줄 수도 있습니다. 국내 유튜브 환경에서는 자막을 파일로 제공하기보다는 영상을 편집할 때 자막을 입혀서 편집하는 방식이 인기입니다.

저작권

유튜브에 업로드된 내 동영상과 일치하는 동영상을 찾아낼 수 있는 기능입니다. 채널 저작권은 자동으로 이뤄집니다. 예를 들어 특정한 목적으로 다른 사람이 나의 동영상을 다운로드한 후 자신의 채널에 업로드할 수 있겠죠? 이럴 때 해당 영상을 쉽게 찾을 수 있도록 도와주는 기능입니다. 이때 일치 여부는 주로 오디오를 기준으로 합니다. 예를 들어 내가 5분 동안 말한 내용과 다른 사람이 5분 동안 말한 내용이 완전하게 일치할 확률은 거의 없기 때문에 오디오가 비슷하면 동일한 영상일 가능성이 높죠. 유튜브의 채널 저작권 체크는 정확도가 꽤 높은 편입니다. 만약 다른 사람이 내 영상을 악의적으로 업로드한 걸 발견했다면 삭제요청을 하거나 해당 사용자에게 메시지를 보낼 수 있습니다. 혹은 보관 처리하여 나중에 체크할 수도 있죠.

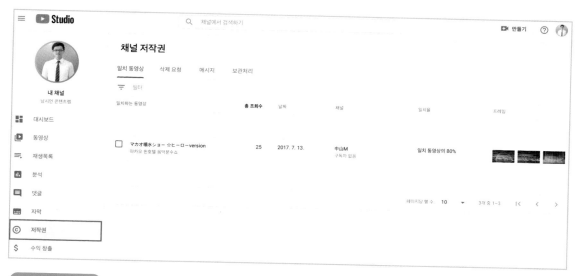

여기서 잠깐!

만약 아무런 문제가 없는데도 채널 저작권이 등록되었다면 다른 조치를 할 필요없이 그대로 두면 됩니다.

수익 창출

유튜브에서 수익을 창출하는 방법은 크게 두 가지가 있습니다. 첫 번째는 동영상에 구글에서 제공하는 광고를 삽입하여 광고 수익을 얻는 방법입니다. 두 번째는 실시간 방송(라이브) 등에서 시청자들이 선물하는 슈퍼챗 기능으로 직접적으로 수익을 얻는 방법입니다. 두 가지 사항들을 전반적으로 설정하는 곳이 바로 이 곳입니다. 이 탭에서는 설정만 가능하며, 수익의 세부적인 결과 확인은 [분석] 탭에서 이뤄집니다. 수익 창출에 대해서는 STEP 13에서 자세히 소개합니다.

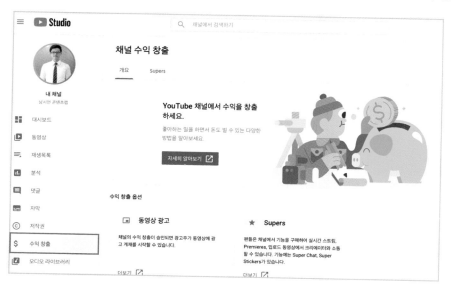

오디오 라이브러리

오디오 라이브러리 탭은 STEP 6(104쪽)에서 소개했던 유튜브 오디오 라이브러리와 같은 곳으로 접속하는 기능입니다. 이 책에서는 스마트폰에서 유튜브 오디오 라이브러리에 접속하여 음악을 들어보고 다운로드하는 방법을 알려드렸는데요. 동일한 곳이므로 유튜브 스튜디오에서 접속하기보다는 스마트폰에서 음악을 구할 때 방문하는 것을 추천합니다.

완료 후 'YouTube 스튜디오로 돌아가기'를 클릭하세요.

★ **중요:** 모든 크리에이터는 아동 온라인 개인정보 보호법 및 기타 법률을 준수하기 위해 조치를 취할 의무가 있습니다. 채널 설정을 검토하세요. 채널 설정 선택

동영상에 다른 음악을 사용하고 계신가요? 사용 중인 음악의 저작권 정책 확인하기

오디오 보관함

무료 음악　　　　音향 효과

프로젝트에 사용할 무료 음악을 찾고 다운로드해 보세요.

트랙			장르 ▼	기분 ▼
▶ Luck Witch	NEW		2:01	Audio Hertz
▶ Wasp Kill	NEW		2:13	Rachel K Collier
▶ Mosquito Mojito	NEW		2:50	Rachel K Collier
▶ Slug Love 87	NEW		2:27	Rachel K Collier
▶ Groove Tube	NEW		2:34	Audio Hertz
▶ Ant Fire	NEW		2:17	Rachel K Collier
▶ Running Back 2U	NEW		2:44	Stayloose
▶ Morpho Diana	NEW		2:30	Rachel K Collier
▶ Late Truth	NEW		2:39	Audio Hertz
▶ For The Love Of	NEW		4:00	Stayloose
▶ Space Was The Place	NEW		2:33	Audio Hertz
▶ Ladybirds Mate	NEW		2:28	Rachel K Collier

YouTube 오디오 보관함에 대해 자세히 알아보세요. 이용약관

2. 나만의 유튜브 주소를 위한 맞춤 URL 설정

내 유튜브 채널의 주소는 어떻게 될까요? 유튜브 채널을 개설하면 유튜브 채널의 주소가 함께 만들어집니다. 이 주소는 유튜브에서 [내 채널]로 접속해보면 상단에 있는 주소창에 표시됩니다.

▲ 맞춤 URL이 설정되지 않은 채널

기본적으로 유튜브에 채널을 개설하면 https://www.youtube.com/channel/UCO4wRL buIaXbO0kHgQt0ZnQ 처럼 다소 긴 채널 링크를 가지게 됩니다. 규칙은 'youtube.com/channel/임의의 문자열'입니다. 이렇게 알 수 없는 임의의 문자열을 주소로 가지게 되면 외우기가 거의 불가능하고 다른 사람에게 알려줄 때에도 불편하죠. 채널 브랜딩을 위해 명함 등에 삽입하기에도 까다롭습니다. 따라서 해당 주소를 마치 일반적인 홈페이지 주소처럼 바꿔주는 맞춤 URL 기능을 사용하면 자신이 원하는 중복되지 않은 주소를 설정하여 누구나 쉽게 기억하고 편하게 접속할 수 있도록 만들 수 있습니다.

▲ 맞춤 URL이 설정된 채널

https://youtube.com/ebagoo로 접속해보세요. 남시언 콘텐츠랩 유튜브 채널에 접속되는 걸 볼 수 있습니다. 해당 주소는 아주 오래전에 맞춤 URL을 설정한 주소인데요. 요즘 유튜브에서는 위처럼 규칙을 잡을 수는 없도록 바뀌었습니다. 이제부터는 'youtube.com/c/주소' 형태로 만들어집니다.

맞춤 URL 자격요건

채널 맞춤 URL을 만들려면 계정이 다음 요건을 충족해야 합니다.

- 구독자 수 100명 이상
- 채널 개설 후 최소 30일 경과
- 채널 아이콘 이미지 업로드 완료
- 채널 아트 업로드 완료

▲ 맞춤 URL을 설정할 수 있는 조건

하지만 누구나 맞춤 URL을 설정할 수 있는 것은 아닙니다. 약간의 자격요건을 갖추어야 맞춤 URL을 신청할 수 있습니다. 구독자 100명과 채널 개설 후 30일이 지나야 하고, 채널 아이콘 이미지(프로필 이미지)와 채널 아트 이미지를 업로드한 채널에서만 신청할 수 있습니다. 이 책의 내용을 순서대로 따라오신 분들이라면, 구독자 100명과 채널 개설 후 30일 경과만 채우면 되겠군요. 여러분들이 열심히 유튜브에 영상을 업로드하고 시청자들과 소통한다면 빠르게 자격을 갖출 것으로 생각합니다. 자격요건을 채웠다고 가정하고 맞춤 URL을 신청하는 방법을 알려드릴게요.

❶ 제일 먼저 우측 상단에 있는 프로필을 클릭한 후 [설정]으로 들어갑니다. 나타나는 화면에서 맞춤 URL이라는 항목에 '맞춤 URL의 자격을 충족한다면 여기에서 신청하세요.' 버튼을 클릭합니다.

❷ 여기에서 원하는 글자를 입력하여 중복 확인을 진행한 후 이용약관에 동의하고 [URL 변경]을 클릭합니다. 영문으로 입력할 경우 대소문자 구분을 하지 않으니 참고하세요. 또한 승인된 맞춤 URL은 변경이 불가능하므로 변경 전 신중하게 검토하세요.

여기서 잠깐!

맞춤 URL을 수정할 수는 없습니다. 새 맞춤 URL을 신청하면 기존의 맞춤 URL이 삭제됩니다. 유튜브 채널에서는 맞춤 URL을 1개만 보유할 수 있습니다.

3. 스마트폰에서도 유튜브를 관리할 수 있는 유튜브 스튜디오 앱

유튜브 스튜디오 스마트폰 앱을 활용하면 컴퓨터 앞이 아니더라도 간단하게 유튜브 영상을 관리하고 댓글로 시청자들과 소통하며 통계를 확인할 수 있습니다. 점점 더 모바일 사용 추세인 요즘에는 스마트폰으로 유튜브를 관리하는 것도 좋은 방법 중 하나입니다. 시간날 때마다 수시로 확인해 주면서 새로운 댓글에 답글을 남기고 하트를 보내보세요. 재생목록과 동영상의 조회수를 점검하고 구독자 변화를 확인할 수도 있습니다.

여기서 잠깐!

유튜브 스튜디오 앱 설치는 STEP 10을 참고하세요.

12 : 유튜브로 수익 창출하기

1. 유튜브 수익 창출 조건

여러분들은 유튜브를 왜 하십니까? 유튜브를 시작하는 분들 중에서는 동영상이라는 콘텐츠를 좋아하고 영상 제작에 관심이 있어서 시작하는 경우가 많습니다. 생산적인 취미 활동으로 여기는 분들도 있죠.

수익은 어떨까요? 유튜브에서 어느 정도 성과를 거두게 되면, 유튜브를 통해 수익을 창출할 수 있으며, 이 수익 창출은 대단히 간편한 방식으로 작동해서 누구나 유튜브로 수익을 낼 수 있습니다. 상황이 이러하다보니 '누가 유튜브로 한 달에 얼마를 번다더라'는 소문부터 조회수 1당 수익 1원이라는 '카더라'까지 유튜브에는 수익과 관련된 다양한 이야기들이 퍼져 있는데요. 저는 수익을 목적으로 유튜브를 시작하는 행위가 나쁘다고 생각하지 않습니다. 오히려 더 좋은 콘텐츠를 생산하여 유튜브를 통해 유통할 수 있도록 하는 선순환 효과가 있으니까요. 동영상을 통해 사람들과 소통하면서 훌륭한 콘텐츠를 제작하고 부가적인 수익까지 얻을 수 있다면 금상첨화겠죠? 이번 단원에서는 유튜브 수익 창출의 조건을 알아보고 수익 창출 신청 방법과 광고 유형 등을 상세하게 알아보겠습니다.

수익 창출 기능을 사용 설정하기 위한 최소 자격요건

기능마다 별도의 요건이 적용된다는 점에 유의하세요. 일부 기능은 현지 법규로 인해 제공되지 않을 수 있습니다.

YouTube 파트너 프로그램 참여를 승인받으면 다음과 같은 수익 창출 기능을 이용할 수 있습니다.

	요건	
광고 수익	• 만 18세 이상이거나, 애드센스를 통해 지급액을 처리할 수 있는 만 18세 이상의 법적 보호자가 있음 • 광고주 친화적인 콘텐츠 가이드라인을 준수하는 콘텐츠 제작	
채널 멤버십	• 만 18세 이상	• 구독자 수 30,000명 이상
상품 라이브러리	• 만 18세 이상	• 구독자 수 10,000명 초과
Super Chat 및 Super Sticker	• 만 18세 이상	• Super Chat이 제공되는 국가/지역에 거주
YouTube Premium 수익	• YouTube Premium 구독자용 콘텐츠 제작	

유튜브에서 수익을 창출하기 위해서는 조건 두 가지를 만족해야 합니다. 최소 요건과 유튜브 파트너 프로그램 가입 조건이 필요합니다. 최소 요건은 주로 나이와 관련되어 있습니다. 유튜브 수익의 대표격이라고 할 수 있는 광고 수익의 경우, 만 18세 이상이거나 법적 보호자의 동의를 얻어야만 수익 창출 신청이 가능합니다. 유튜브는 구글에서 운영하며, 구글의 광고는 구글 애드센스라는 이름으로 불리는데요. 각종 홈페이지나 블로그에서 볼 수 있는 광고들이 주로 구글 애드센스인 경우가 많으며, 유튜브에 게시되는 광고도 구글 애드센스의 한 종류입니다. 애드센스 수익을 통장으로 받기 위해서는 해외송금을 받을 수 있는 계좌가 필요합니다.

YouTube 파트너 프로그램 개요 및 자격요건

업데이트: 2019년 11월. YouTube 파트너 프로그램(YPP) 자격요건에는 변경사항이 없습니다. YPP 참여 신청 방법을 일부 변경 중이므로 현재는 다른 환경이 표시될 수 있습니다.

새롭게 변경된 내용은 다음과 같습니다.

- YouTube 파트너 프로그램에 참여 신청을 하려면, 구독자 수가 1,000명 이상이고 지난 12개월간 유효한 공개 동영상 시청 시간이 4,000시간 이상이어야 신청 절차를 시작할 수 있습니다.
- 이 기준을 충족하면 알림이 전송되도록 요청할 수 있습니다.

두 번째로 유튜브 파트너 프로그램 자격요건을 갖추어야 합니다. 유튜브 채널의 구독자가 1,000명 이상이 되어야하며, 지난 12개월 간의 동영상 시청 시간이 4,000시간을 넘겨야만 수익 창출 신청을 할 수 있습니다. 구독자를 1,000명 모으는 것도 힘든 일이지만, 시청시간을 4,000시간 채우는 일은 유튜브를 처음 시작하는 분들에게는 까다롭고 오래 걸리는 일입니다. 실제로 시청자들이 영상을 시청해줘야 하니까요. 따라서 처음에는 수익을 신경 쓰지 말고, 시청자들에게 유익하고 도움이 되는 훌륭한 콘텐츠를 만든다는 생각으로 유튜브 동영상을 제작하고 꾸준히 업로드하세요.

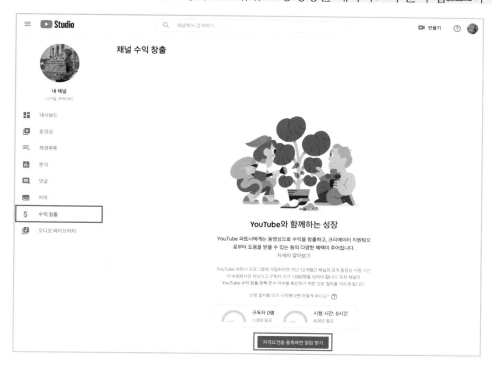

유튜브 크리에이터 스튜디오에서 [수익 창출] 탭에 들어가 보면 현재 수익 창출을 위해 어떤 조건을 충족해야 하는지 간편하게 확인할 수 있습니다. 아래쪽에 있는 '자격요건을 충족하면 알림 받기'를 클릭하면 해당 자격 요건을 충족할 때 이메일로 수익 창출을 신청할 수 있다는 메일을 보내줍니다.

2. 유튜브 수익 창출 신청 방법

위의 조건들을 충족하였다면 이제 수익 창출 신청을 해야 합니다. 수익 창출 신청은 유튜브 크리에이터 스튜디오 이전 버전에서 할 수 있습니다. 제일 먼저 유튜브 크리에이터 스튜디오로 접속한 다음, 왼쪽 아래에 '크리에이터 스튜디오 이전 버전' 버튼을 클릭하여 이전 버전 화면으로 접속합니다. 그런 다음 '채널' 탭에서 '상태 및 기능'으로 들어간 다음, '수익 창출' 항목에서 '사용'을 눌러 신청하세요.

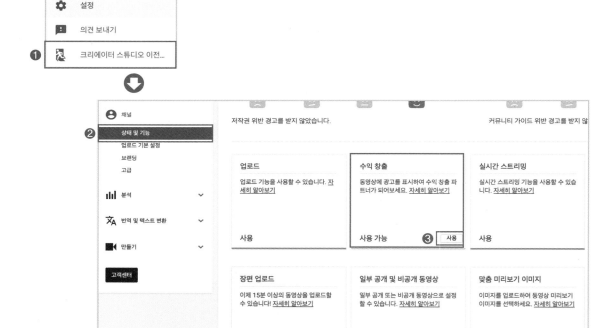

여기서 잠깐!

해당 조건을 갖추고 신청했다고 해서 바로 수익창출이 시작되는 건 아닙니다. 유튜브 자체에서 해당 채널이 수익창출이 가능한지를 체크하는 검토 절차가 있으며, 해당 검토 절차는 평균 1개월 정도 소요됩니다.

> ▶ **YouTube**
>
> 축하합니다. YouTube 남시언 콘텐츠랩 채널의 YouTube 파트너 프로그램 참여가 승인되었으며 이제 YouTube에서 수익을 창출할 수 있습니다.
>
> 시작하려면 <u>YouTube 크리에이터 센터</u>를 확인하여 YouTube팀 및 다른 크리에이터와 소통해 보세요.
>
> <u>YouTube 고객센터</u>에서 다음을 포함하여 YouTube에서의 수익 창출에 대해 자세히 알아보는 것이 좋습니다.
>
> - <u>수익 창출이 가능한 콘텐츠</u>
> - <u>YouTube에서 수익을 창출할 수 있는 여러 방법</u>
> - <u>특정 동영상으로 수익을 창출하는 방법</u>
> - <u>수익 창출 아이콘 가이드</u>
>
> YouTube와 관련한 모든 것이 그렇듯 수익을 창출할 콘텐츠를 선택할 때 상식적으로 행동하고, 사이트를 악용하지 말고, 타인을 존중하시기 바랍니다.

수익 창출 신청 후 검토가 끝나면 이런 이메일이 옵니다. 수익 창출이 시작되었다는 이메일이죠. 이때부터 자신의 유튜브 채널의 영상에 광고를 붙일 수 있게 됩니다.

3. 유튜브 수익 창출의 구조

유튜브에서 수익을 창출하기 위해서는 유튜브 수익의 기본 구조를 알아두는 것도 좋겠죠? 우리가 유튜브에서 얻을 수 있는 수익의 원천은 광고주가 유튜브에 의뢰한 광고비에서 출발합니다. 광고주의 광고를 받은 유튜브에서는 사용자들이 올린 영상의 앞부분과 중간, 끝부분 등에 광고를 붙여 송출하고 이 광고들에서 발생한 수익의 일부분을 크리에이터에게 제공하는 방식입니다. 이러한 구조는 크리에이터 입장에서 봤을 때, 수익 창출 신청 외에는 별다른 설정을 할 필요가 없다는 점에서 매우 편리하고 안정적인 광고 수익 창출 방법이라고 할 수 있는데요. 한 명의 개인이 광고주의 광고를 유치하는 건 대단히 어렵기 때문입니다. 또한, 구글에는 어마어마한 숫자의 광고주들이 있으며, 광고주들이 많을수록 광고 경쟁이 치열해지면서 광고 단가가 올라가는 장점이 있습니다.

광고주   → 광고 의뢰 →   유튜브 (구글)   → 수익 지급 →   유튜브 운영자 (크리에이터)

유튜브에서는 최대한의 광고 효과를 제공하기 위해 동영상 주제에 알맞은 광고를 내보내려고 합니다. 예를 들어 컴퓨터 관련 주제의 영상에 키보드 관련 광고를 내보내는 식입니다. 이렇게 하면 시청자들의 관심 분야와 광고가 일치할 확률이 높으므로 광고 효과가 높아집니다. 따라서 내 영상 주제에 맞는 광고와 광고주가 많을수록 광고 단가가 높아지며, 똑같은 조회수라도 더 높은 수익을 올릴 수 있게 됩니다.

유튜브
(구글)

해당 영상 주제에
알맞은 광고 배포

유튜브 운영자
(크리에이터)

 독자 Q&A Q. 영상 조회수 1당 수익 1원이라는 게 사실인가요?

A. 사실이 아닙니다. 조회수가 높으면 광고 노출이 많아지므로 수익이 높아지겠지만 반드시 광고와 수익이 일정한 비율을 가지는 건 아닙니다. 유튜브 수익 창출 구조에서 살펴봤듯이 각 광고별로 단가가 다르며, 어떤 시청자에게 어떤 광고가 송출되는지는 시스템이 자동으로 결정하는 까닭에 정확한 수치를 추적하는 것이 현실적으로 불가능합니다. 더불어 광고주의 광고 예산, 광고 형태 등 다양한 변수도 존재합니다.

유튜브 동영상에는 광고를 여러 개 넣을 수도 있습니다. 예를 들어 동영상 조회수는 1이어도 광고는 3개가 있어서 조회수보다 높은 수익을 얻을 수 있는 것입니다. 반대로 광고를 건너뛰기 하는 시청자도 있을 것이고, 영상에서 광고가 나오지 않는 경우도 있습니다. 이런 패턴은 유튜브 시스템에서 자동으로 결정합니다. 또한, 시청자의 시청하는 국가도 광고 단가에 영향을 주죠.

따라서 광고 수익에 너무 집착하여 모든 변수를 분석하려고 하기보다는, 보다 많은 사람들에게 재미와 유익한 정보를 주는 영상 콘텐츠를 만드는 것에 집중하여 더 훌륭한 영상을 제작하는 쪽이 언제나 바람직한 마음가짐입니다.

독자 Q&A Q. 수익 측면에서 조회수와 구독자 수 중 무엇이 더 중요한가요?

A. 두 가지 수치 모두 광고에 영향을 주는 수치이므로 중요합니다. 구독자 수가 많으면 내 영상이 더 많이 조회될 가능성을 가지게 되며, 조회수가 높다면 그만큼 광고가 많이 송출될 것입니다. 굳이 하나만 고르자면 조회수가 좀 더 수익에 영향을 준다고 할 수 있겠습니다. 하지만 조회수와 구독자 수가 많다고 해서 반드시 수익까지 높은 건 아닙니다.

4. 유튜브 동영상의 광고 유형

유튜브 동영상 광고는 총 6가지 종류로 나뉩니다.

❶ 디스플레이 광고

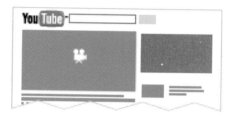

디스플레이 광고는 유튜브 광고의 가장 기본적인 형태라고 할 수 있습니다. 수익 창출 승인 후 기본적으로 들어가는 광고이며, 영상 시청에 방해가 되지 않는 광고이므로 무조건 넣도록 강제되어 있는 광고이기도 합니다.

> 위치 : 추천 동영상 목록의 위쪽에 게재, 플레이어가 더 큰 경우 플레이어 하단에 게재(PC 화면에서만 표시)

▲ 디스플레이 광고 샘플

❷ 오버레이 광고

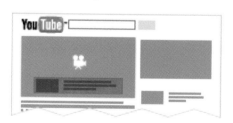

동영상 재생 과정에서 화면 아래쪽 20% 부분에 나타나는 반투명한 광고입니다. 동영상 시청에 크게 방해되지 않으면서 자연스럽게 나타나는 광고로, 유튜브에서 자주 볼 수 있는 광고 형태입니다. 시청자가 ×표를 클릭해서 닫을 수 있습니다.

> 위치 : 화면 아래쪽 20% 부분에 게재(PC 화면에서만 표시)

▲ 오버레이 광고 샘플

여기서 잠깐!

화면 아래쪽에 그래픽 요소가 있거나 자막이 들어가 있는 경우, 오버레이 광고로 인해 가려질 수 있으므로 주의해야 합니다.

❸ 건너뛸 수 있는 동영상 광고

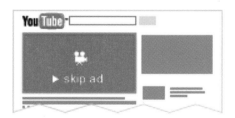

동영상의 처음과 끝 혹은 중간에 나타나는 광고로, 화면을 꽉 채우는 광고지만 사용자가 5초 뒤에 건너뛰기 할 수 있는 광고 유형입니다.

위치 : 화면 전체(PC 화면, 스마트폰, TV, 게임콘솔에서 표시)

◀ 건너뛸 수 있는 광고 샘플

❹ 건너뛸 수 없는 동영상 광고

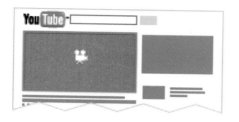

화면을 꽉 채우는 광고지만 시청자가 건너뛰기 할 수 없는 광고입니다. 광고를 모두 시청해야 동영상을 볼 수 있습니다. 평균 15초에서 20초짜리 광고가 나옵니다. 10분 이상 영상이라면 영상 중간에도 삽입할 수 있습니다.

위치 : 화면 전체(PC 화면, 스마트폰에서 표시)

❺ 범퍼 광고

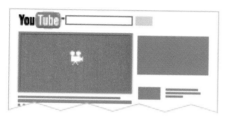

범퍼 광고는 최대 6초동안 재생되는 광고로, 짧은 형태의 건너뛸 수 없는 광고라고 할 수 있습니다. 건너뛸 수 없지만 광고가 짧아서 시청자들의 거부감이 덜한 편입니다.

위치 : 화면 전체(PC 화면, 스마트폰에서 표시)

❻ 스폰서 카드

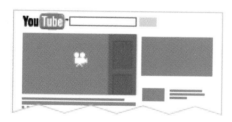

스폰서 카드 광고는 유튜브에 다른 영상을 링크하는 '카드' 기능을 활용한 광고 유형입니다. 특정 상품과 연계했을 때 효과가 좋은 것으로 알려져 있습니다. 카드의 티저가 몇 초간 표시되는 광고입니다. 하지만 아직 국내에서는 지원하지 않습니다.

유튜브 광고 유형을 결정할 때 주의점

유튜브에서는 광고 유형을 크리에이터에게 직접 지정할 수 있는 자유를 주었습니다. 건너뛸 수 없는 광고와 건너뛸 수 있는 광고를 넣을지 말지 결정해야 하며, 오버레이 광고를 넣는 게 좋을지, 빼는 게 좋을지도 고민거리입니다. 10분이 넘는 동영상에는 영상 중간에도 광고를 넣을 수 있는데요. 이 광고를 넣어야 할지 말아야 할지 정해야 하며, 만약 넣는다면 또 어느 부분에 넣을지도 정해야 하죠.

이중에서 가장 골칫거리는 '건너뛸 수 없는 광고'와 '건너뛸 수 있는 광고' 입니다. 디스플레이 광고는 시청에 방해되지 않으므로 괜찮고, 오버레이 광고도 화면을 조금 가리긴 하지만 X를 눌러 끌 수 있는데 비해 '건너뛸 수 있는 광고'와 '건너뛸 수 없는 광고'는 화면 전체를 채우는 특성상 시청자에게는 방해요소라고 할 수 있습니다.

'건너뛸 수 있는 광고'는 광고 시청 5초 후에 건너뛰기를 눌러 광고를 끌 수 있습니다. 광고를 종료하고 바로 본 동영상을 시청할 수 있는 것입니다. 그러나 건너뛰기를 하면 수익이 발생하지 않는 것으로 알려져 있습니다.

'건너뛸 수 없는 광고'는 시청자가 광고를 끝까지 시청해야 본 동영상을 재생할 수 있으므로 수익은 발생하겠지만, 광고를 건너뛸 수 없다는걸 알게 된 시청자가 이탈할 가능성이 매우 높습니다. 짧은 범퍼 광고가 나온다면 다행이겠지만 지루한 광고로 인해 시청자가 클릭했다가 다시 빠져나갈 가능성도 있는 셈이죠.

따라서 흡입력이 있는 동영상과 두터운 팬층을 보유한 유튜브 채널일수록 '건너뛸 수 없는 광고'를 넣을 여력이 생긴다고 할 수 있습니다. 결국 영상의 주제나 타이밍에 따라 광고를 다르게 적용하는 전략을 생각해봐야 합니다.

하지만 너무 걱정하지는 마세요. '건너뛸 수 없는 광고'를 넣었다고 해도 계속 긴 광고가 나오진 않습니다. 범퍼 영상이 나올 수도 있고 건너뛸 수 있는 광고가 나올 수도 있습니다. '건너뛸 수 없는 광고'를 넣었다고 해도 항상 '건너뛸 수 없는 광고'가 나오는 시스템은 아니며, '건너뛸 수 없는 광고가 나오는 경우도 있다' 정도로 해석하면 됩니다. 매번 노출되는 것이 아니므로 적절한 환경일 때 '건너뛸 수 없는 광고'를 시도해보는 것도 좋겠습니다.

5. 유튜브 동영상에 광고 넣기

유튜브 동영상에 광고를 삽입하는 일은 매우 간편합니다. 개별 동영상에 어떻게 광고를 설정할 수 있는지 알아봅니다.

❶ 유튜브 크리에이터 스튜디오로 접속한 다음 왼쪽 [동영상] 탭을 클릭하고 광고 유형을 정하고 싶은 동영상의 [세부 정보]로 들어갑니다.

❷ 왼쪽에서 [수익 창출]로 들어가세요. 여기에서 수익과 관련된 다양한 설정을 할 수 있습니다.

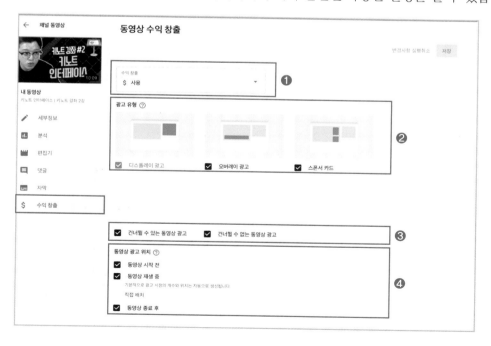

❶ 해당 영상의 수익 창출 여부를 결정합니다.

❷ 광고 유형을 정합니다. 스폰서 카드는 체크 여부가 관계없습니다.

❸ 건너뛸 수 있는 광고와 건너뛸 수 없는 광고의 삽입 여부를 체크합니다.

❹ 영상에서 광고의 위치를 정합니다. 동영상 시작 전과 동영상 재생 중에 광고를 배치할 수 있으며, 동영상 종료 후에 광고가 나오도록 배치할 수도 있습니다. 제일 많이 보는 곳이 아무래도 동영상 시작 전이므로 동영상 시작 전에 배치하는 게 유리합니다.

동영상 재생 중 광고는 10분 이상되는 동영상에만 넣을 수 있습니다. 동영상이 재생되다가 특정 시점에 광고가 나오는 방식이죠. 기본적으로 유튜브 시스템이 자동으로 구간을 설정해 광고를 넣어주지만, 필요하다면 자신이 원하는 구간에 광고를 넣을 수도 있습니다. [직접 배치] 버튼을 클릭하세요.

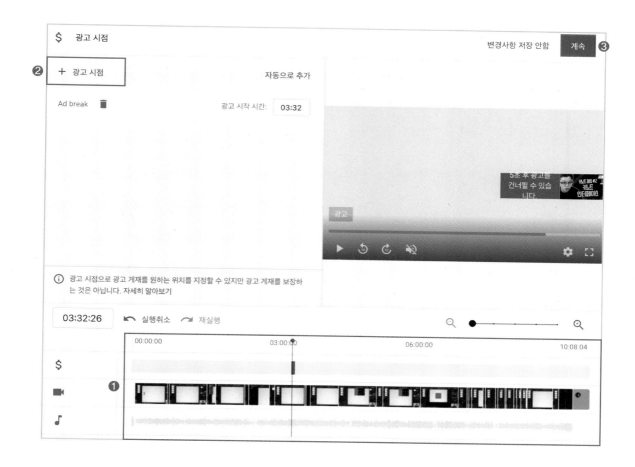

아래쪽 타임라인에서 원하는 구간으로 재생헤드를 지정합니다. 그런 다음 좌측 상단에 있는 [광고 시점]을 눌러 광고가 나올 시점을 추가해 줍니다. [계속]을 누르면 저장됩니다.

여기서 잠깐!

10분이 넘는 영상이라면 중간 광고를 여러 개 넣을 수도 있습니다. 하지만 짧은 영상에 중간 광고를 너무 많이 넣지 마세요. 너무 자주 반복되는 광고는 시청자들의 시청을 방해하고 몰입하지 못하게 만듭니다. 하나 정도는 봐줄만 하겠지만 너무 자주 반복되면 시청자들은 영상을 이탈하게 되고 시청지속 시간이 떨어지게 됩니다. 최악의 경우에는 구독을 취소할지도 모릅니다. 너무 잦은 중간 광고는 소탐대실이 될 수 있어요. 입장을 바꿔서 우리가 유튜브 영상을 보는데 계속해서 중간 광고가 나온다면 영상을 끝까지 시청하기가 힘들겠죠? 과거에 비해 광고에 대한 거부감이 많이 줄어든 게 사실이지만 항상 시청자를 배려해주세요. 저는 10분 또는 15분 간격 당 하나, 또는 전체 영상에서 한 두 개 정도가 적당하다고 생각합니다.

6. 업로드 기본 설정으로 광고 자동으로 넣기

동영상에 광고를 설정하는 일은 꽤 재미있는 일이지만, 이 작업을 매번 한다는 건 아주 귀찮은 작업이겠죠? 내가 원하는 동영상 광고 유형을 미리 지정해두고 동영상을 올릴 때마다 자동으로 적용할 수는 없을까요? 다행히 방법이 있습니다.

❶ 유튜브 크리에이터 스튜디오에서 왼쪽 아래쪽에 있는 [설정]으로 들어갑니다.

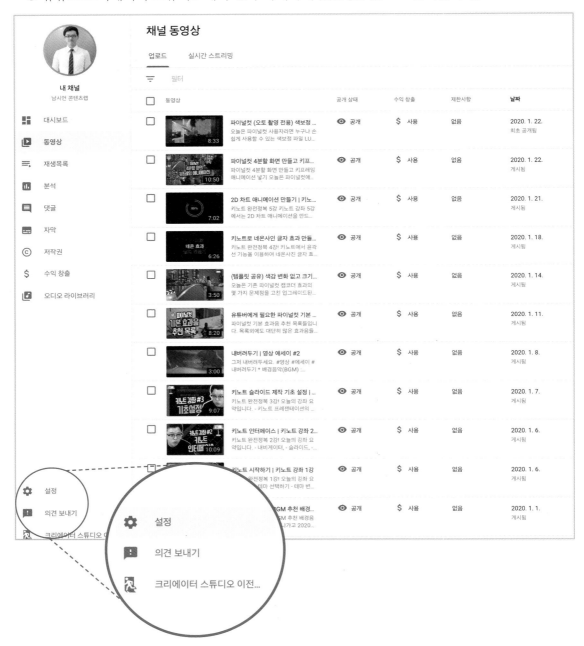

❷ 왼쪽 메뉴에서 [업로드 기본 설정]을 클릭하고 상단 탭에서 [수익 창출]을 클릭하세요. 여기에서 광고 유형을 지정해두면 앞으로 업로드하는 모든 영상에 자동으로 적용되어 무척 편리합니다. 나중에 변경해야 할 영상이 있을 때에는 해당 영상의 광고 유형만 변경하면 됩니다.

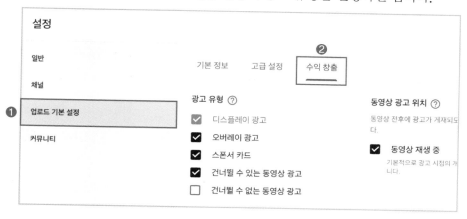

7. 스마트폰에서 동영상에 광고 넣기

스마트폰에서도 유튜브 스튜디오 앱의 동영상 수정을 통해 광고 유형을 변경하고 수정할 수 있습니다.

스마트폰의 유튜브 스튜디오 앱을 실행한 후, 수정하고 싶은 동영상을 클릭합니다. 그런 다음 연필 모양의 수정 버튼을 눌러 수정 모드로 들어간 후 상단에 $ 모양의 탭을 클릭하고 동영상의 수익 창출 여부를 비롯해 광고 유형을 결정합니다.

콘텐츠로 돈을 버는 8가지 방법

콘텐츠는 대체로 돈과 연결되어 있습니다. 크리에이터라면 콘텐츠로 돈을 벌 수 있고 또 그래야만 합니다. 소액이라고 할지라도 콘텐츠로 돈을 벌 수 있다면, 돈을 더 벌기 위해서 더 좋은 콘텐츠를 만들게 되고, 더 좋은 콘텐츠를 만들면 더 높은 수익을 얻을 수 있습니다. 선순환 효과가 나타나는 셈이죠. 콘텐츠로 돈을 벌 수 있다면 콘텐츠의 품질과 파급력은 점점 좋아집니다. 예를 들어 유튜브 동영상을 통해 얻은 수익으로 카메라를 구입하여 더 좋은 화질의 영상을 만들어 시청자들에게 보여줄 수 있습니다. 이렇게 하면 콘텐츠를 만드는 사람도 이익을 얻지만 콘텐츠를 소비하는 사람(시청자)도 이익입니다. 콘텐츠 제작은 지금 당장 수익이 안 되더라도 미래의 잠재 수익이 될 수도 있습니다. 여기에서는 콘텐츠로 돈을 버는 8가지 방법에 대해 간단하게 소개해드립니다.

❶ 광고 수익

말 그대로 콘텐츠에 광고가 함께 나오면서 얻을 수 있는 수익입니다. 가장 기초적인 콘텐츠 수익 방안이라고 할 수 있으며, 대표적으로 블로그나 유튜브 같은 시스템에서 활용할 수 있습니다. 콘텐츠 제작자는 콘텐츠만 만들면 광고가 알아서 노출되기 때문에 부가적으로 해야 할 일은 없지만, 다른 수익 모델에 비해 수익이 낮다는 게 단점입니다.

❷ 제휴 마케팅

콘텐츠 제작자가 콘텐츠를 통해 해당 제품을 소개하거나 서비스를 추천하면서 수익을 얻는 마케팅 방법입니다. 추천만으로 수익을 얻을 수도 있지만 이것은 5번에서 소개할 현물 협찬 방식에 가까우며, 명확한 제휴 마케팅은 콘텐츠 크리에이터가 추천하는 제품 또는 서비스가 판매되어야만 수익을 얻을 수 있는 구조입니다. 예를 들어 10만 원짜리 서비스를 소개하고 구독자가 해당 서비스에 가입할 경우 일정 수수료를 받는 방식입니다. 광고주는 비싼 TV 광고 등을 할 필요 없이 제품이나 서비스를 많은 사람들에게 알릴 수 있고, 소비자 역시 구체적인 내용과 장단점을 확인한 후 구매 여부를 결정할 수 있다는 게 장점입니다. 오래 전부터 인기 있는 마케팅 방식이지만, 반드시 판매되어야만 수익을 낼 수 있으므로 판매되지 않을 경우, 콘텐츠 제작에 투자한 시간이 의미 없어질 수도 있는 것이 단점입니다.

❸ 제품 간접광고(PPL)

PPL은 영화나 드라마 등에서 자주 사용되는 홍보 방법입니다. 예를 들어 배우가 갑자기 A회사의 커피를 마시는 장면이 나오거나 연예인이 B사의 옷을 입고 연기를 하는 방식이죠. 요즘에는 1인 미디어와 개인 크리에이터의 콘텐츠를 시청하는 시청자들도 많으므로, 개인에게 PPL 요청이 들어오는 경우도 많습니다. 해당 제품을 직접적으로 소개하는 게 아니라 간접적으로 소개하는 방식이라서 광고에 대한 거부감이 상대적으로 낮은 것이 장점입니다. 더불어 별도의 콘텐츠를 만들어야하는 것이 아니라 해당 제품을 보여주기만 하면 되는 것이라서, 콘텐츠 제작자들이 선호하는 수익 창출 방식이기도 합니다.

❹ 콘텐츠 상품화

콘텐츠 또는 캐릭터를 활용해 상품을 만들 수 있습니다. 예를 들어 '남시언 콘텐츠랩'이라는 문구가 적힌 티셔츠를 만들어 판매할 수 있겠죠(아무도 입지는 않을 것 같군요 ^^). 콘텐츠 자체를 판매 가능한 형태로 바꾸는 것이라고 보면 됩니다. 여러분들이 보고 있는 이 책 역시 제가 가진 지식 콘텐츠를 책이라는 상품으로 만든, 일종의 콘텐츠 상품화입니다. '남시언 인형'을 귀엽게 만들어서 판매할 수도 있습니다. 이렇게 판매되는 상품 수익은 판매가 될 때마다 확정 수익을 가질 수 있으므로 유익한 방법이지만, 인기가 있어야 판매가 된다는 점과 유통을 해야 한다는 점이 단점입니다.

❺ 현물 협찬

현금이 아니라 현물을 협찬 받는 방법도 있습니다. 블로그와 유튜브, 인스타그램 등에서 오래전부터 인기 있던 방식입니다. 인기 있는 크리에이터에게 제품을 보내주고 해당 제품의 후기를 콘텐츠로 만들어 올려달라는 식입니다. 제품만 협찬하는 경우도 있고, 제품과 현금을 함께 협찬하는 경우도 있습니다. 최신형 스마트폰, 값비싼 화장품 등 어떤 것이라도 협찬이 가능한 경우에 협찬 받을 수 있습니다. 초보 크리에이터에겐 협찬사 연락이 드물지만, 약간의 인기가 생기고 사람들에게 사랑받는 콘텐츠를 만들어나간다면, 여러 곳에서 협찬 문의를 받는 것도 현실이 될 수 있겠죠?

❻ 콘텐츠 유료화

콘텐츠 자체를 무료로 보여주는 것이 아니라 유료 회원만 보도록 만드는 방식입니다. 예를 들어 온라인 강좌 영상을 만들어서 회원가입한 사람에게만 보게 하거나 돈을 내고 보게 하는 시스템이죠. 콘텐츠가 정말 훌륭하고 유니크하다면 돈을 내고서라도 볼 사람들이 있을 것입니다.

❼ 콘텐츠 외주 제작

다른 사람의 콘텐츠 제작을 도와주거나 대신 제작해주는 형태입니다. 예를 들어 A라는 회사의 홍보 영상을 대신 만들어주고 돈을 받을 수 있습니다. 혹은 이 책을 통해 공부하신 여러분들이 동영상 기획에 어려움을 겪는 사람에게 기획을 대신 해주고 비용을 받을 수도 있겠죠. 많은 콘텐츠 크리에이터들이 자신의 콘텐츠를 제작하면서 외주 제작도 겸합니다. 콘텐츠를 필요로 하는 곳은 대단히 많지만 콘텐츠를 잘 만드는 사람은 드문 시대이므로 콘텐츠 외주 제작의 시장은 밝다고 하겠습니다.

❽ 지식 전달 서비스

콘텐츠 자료와 경험, 노하우를 바탕으로 강의를 하거나 컨설팅을 하는 방식입니다. 전문성이 필요하지만 해당 지식은 사용한다고 없어지는 것이 아니라 계속 유지되기 때문에 하나의 전문성을 가지고 여러 곳에서 사용할 수 있다는 점이 가장 큰 매력입니다. 예를 들어서 똑같은 강의를 A라는 장소에서도 하고, B라는 장소에서도 할 수 있습니다.

13 : 유튜브 채널을 성장시키는 다양한 방법 알아보기

1. 검색이 잘되는 유튜브 영상 만들기(태그와 해시태그)

우리가 제작하고 업로드한 동영상은 최대한 많은 사람들에게 노출되는 편이 좋습니다. 목표한 타겟 층에게 정확한 영상을 제공하려면 태그와 해시태그를 활용하세요. 태그는 내 영상을 검색할 때 도움이 되는 추가적인 키워드입니다. 모든 콘텐츠에는 메타데이터(Meta data)라고 하는 숨겨진 데이터 값이 있는데요. 쉽게 이야기해서 해당 콘텐츠를 구성하는 요소들입니다. 태그는 이 메타데이터의 일부이며, 특히 동영상을 검색할 때 도움을 줍니다. 제목과 설명을 보완하는 도구로서 검색했을 때 잘 검색이 되게끔 해주고, 실수로 오타로 검색했을 때에도 내 영상을 찾을 수 있게 해줍니다. 특히 유튜브에서 처음 활동하는 채널의 경우 구독자수나 조회수가 낮으므로, 다른 사람들에게 영상이 노출될 가능성이 적은데요. 이때 태그를 잘 활용하면 보다 빠르게 원하는 결과를 얻을 수 있습니다.

▲ 동영상에 태그 입력

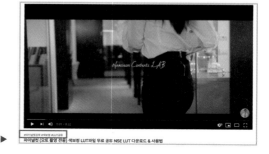

제목 위에 표시된 해시태그 ▶

해시태그는 내 유튜브 채널의 영상을 쉽게 찾을 수 있도록 해주는 도구입니다. 해시태그는 단어 앞에 샵(#)이 붙은 단어로, 주로 중심 키워드들로 구성됩니다. 제목과 제목 위, 설명 란에 입력할 수 있습니다. 설명 란에 입력할 경우 자동으로 제목 위에 표시되며, 제목 위에는 3개의 해시태그만 표시됩니다.

여기서 잠깐!

태그와 해시태그 모두 동영상을 조금 보완해주는 추가 설명 키워드이며 영향력은 그리 크지 않습니다. 실제 동영상에 영향을 주는 데이터는 제목과 설명 쪽이 더 큰 비중을 갖고 있습니다. 따라서 제목과 설명을 신중하게 입력하고, 태그와 해시태그는 약간의 보완 역할 정도로 생각하세요.

동영상에 태그 입력하기

동영상에 태그를 입력하려면 새로운 동영상을 업로드하거나 이전에 업로드했던 동영상을 수정하는 화면으로 들어갑니다.

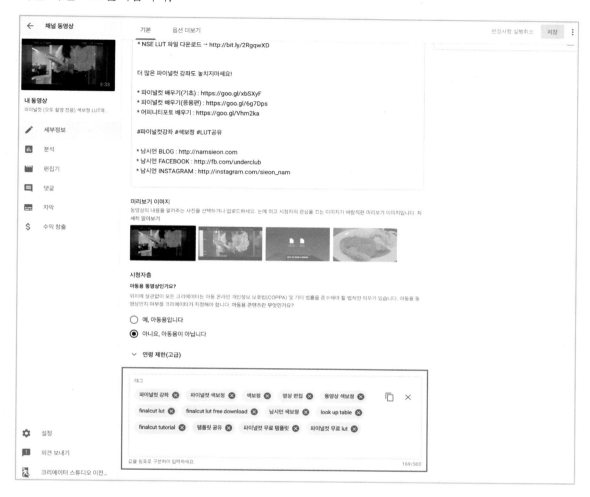

아래쪽에 태그를 입력하는 란이 있습니다. 여기에 원하는 태그를 입력해줍니다. 개수 제한이 있진 않지만, 너무 과도한 태그나 관련없는 태그를 넣을 경우 오히려 악영향을 끼치므로 꼭 필요한 태그들만 넣으세요. 태그의 정확도가 떨어질수록 내 유튜브 영상이 정확한 시청자 타겟에게 도달되지 못할 테니까요.

여기서 잠깐!

태그는 띄어쓰기가 가능하며 구분을 콤마(,)로 합니다. 예를 들어 '남시언, 콘텐츠랩' 이렇게 입력하면 '남시언'이라는 태그와 '콘텐츠랩'이라는 태그 2개가 입력됩니다. 주로 키워드 단위로 입력하는 경우가 많고, 문장 형태로 입력하는 경우는 드뭅니다.

스마트폰 유튜브 앱에서 태그 입력하기

스마트폰에서 태그를 입력하려면 동영상을 업로드하는 시점에서는 기능을 지원하지 않습니다. 따라서 유튜브 앱을 활용해 동영상을 먼저 올린 후, 유튜브 스튜디오 앱에서 해당 영상을 수정하여 태그를 입력하는 방법을 사용해야 합니다.

유튜브 스튜디오 앱을 실행하여 수정하고 싶은 동영상을 클릭한 후 수정 모드로 들어갑니다. 화면 아래쪽에 '태그' 입력란이 있습니다. 여기에 원하는 태그를 입력해줍니다. 단, 과도한 태그는 자제하세요. 관련있는 태그만 넣는 게 좋습니다.

여기서 잠깐!

유튜브 동영상에 태그를 넣을 때 추가적인 도움을 얻고 싶다면 유튜브 크리에이터 공식 채널에 업로드되어 있는 동영상을 보고 학습해보세요. 한글 자막이 지원됩니다.

Tips To Write Effective Descriptions & Tags
YouTube Creators ✔ 조회수 66만회 · 3년 전
After you've uploaded a video, do you ever stared blankly at your screen, wondering what to put in your description and tag ...
자막

영상 링크	QR코드로 바로보기
https://youtu.be/fWdkrlAzqOA	

동영상에 해시태그 입력하기

해시태그는 파란색으로 표시된 링크를 가진 키워드입니다. 클릭하면 키워드로 검색하는 창으로 페이지가 이동하죠. 해시태그는 별도의 입력란이 있는 것이 아니므로 제목칸 또는 설명칸에 일반 글자처럼 입력하면 됩니다. 유튜브 동영상 콘텐츠에서 제목은 매우 중요한 역할을 하므로 보통은 제목보다는 설명 란에 해시태그를 입력하여 제목 위에 표시되게끔 만드는 게 효율적입니다.

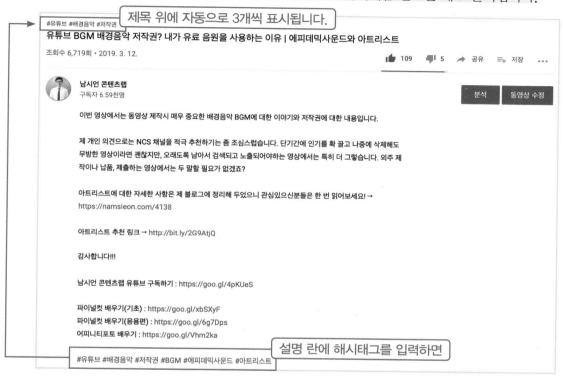

단, 글자 앞에 샵(#)을 붙여 입력합니다. 해시태그는 띄어쓰기를 허용하지 않습니다. '#남시언 콘텐츠랩'이라고 입력하면, 해시태그는 '#남시언'만 인식하며 뒤에 있는 '콘텐츠랩'은 일반 글자처럼 판단합니다. 따라서 띄어쓰기가 있는 글자라도 해시태그로 활용하려면 붙여서 '#남시언콘텐츠랩' 처럼 써야합니다.

〈 유튜브에서 이야기하는 해시태그 규칙 〉

❶ 과도한 해시태그 금지 : 동영상 1개에 너무 많은 해시태그를 넣으면 안 됩니다. 태그가 많을수록 검색하는 시청자에게 관련성이 낮은 동영상으로 판단됩니다.

❷ 해시태그 15개 이상 금지 : 하나의 동영상에 해시태그가 15개 이상 있는 경우, 유튜브에서는 자동으로 모든 해시태그를 무시합니다. 더불어 과도한 해시태그를 사용할 경우 유튜브 검색 결과에서 동영상이 노출되지 않을 수 있습니다.

❸ 관련 없는 해시태그 금지 : 동영상과 연관성이 없는 해시태그는 사용하지 마세요.

❹ 증오심, 욕설, 음란한 해시태그 등은 허용하지 않습니다.

유튜브 키워드 검색용 추천 사이트

태그와 해시태그 모두 중심 키워드들로 이루어져 있으므로 인기 있고 사용자들이 검색을 많이 하는
키워드를 알아낼 수 있다면 태그를 정하는데 큰 도움이 됩니다. 키워드 툴을 활용하면 인기있는 키워
드를 쉽게 알아낼 수 있고, 차후 제작할 동영상 주제나 아이디어를 얻는 데에도 유용합니다.

❶ 유튜브 검색창

제일 먼저 시도해볼 장소는 유튜브 홈페이지입니다. 유튜브 홈페이지의 검색창에 원하는 키워드를
입력하면 자동완성 기능으로 아래에 다양한 추천 검색어들이 표시되는데요. 사용자들이 많이 검색하
는 키워드들이므로 해당 키워드들을 참고해 제목과 설명, 그리고 태그에 반영해보세요.

하지만 꼭 해당 키워드들에 너무 집착할 필요는 없습니다. 인기 키워드들은 종종 바뀌며, 자신만의
독특한 제목이 시청자들의 호기심을 더 자극할 수도 있습니다. 위에 나온 추천 키워드들은 참고용으
로만 활용하세요.

❷ keywordtool.io

크리에이터분들에게 널리 알려져 있는 키워드 도구 사이트입니다. 무료 버전의 경우 키워드 자체만 확인할 수 있으며, 키워드의 인기 순위 등을 확인할 수 없습니다. 그래도 많은 키워드들이 나열되어 있고 사용법이 쉬우므로 참고할 때 도움이 됩니다. 키워드 목록을 살펴보다보면 종종 생각하지 못했던 아이디어가 떠오를 수도 있죠!

① keywordtool.io에 접속합니다.

② 상단에 유튜브 카테고리를 클릭하고 검색하고 싶은 키워드를 입력합니다.

③ 검색 결과를 확인합니다.

업로드 기본 설정으로 공통 태그 자동 입력하기

태그의 경우 키워드들이 많아질 경우 똑같은 태그를 입력해야 하는 경우가 있습니다. 예를 들어 여행을 주제로 하는 채널이라면, 여행 관련 동영상이 많을 것이고, 그러면 태그에 '여행'이라는 태그가 공통으로 들어갈 확률이 높겠죠. 이럴 때 똑같은 태그들을 매번 외워서 입력하거나 어디에 복사해두고 사용하는 건 꽤 번거로운 일입니다. 유튜브의 설정 중에서 '업로드 기본 설정'을 이용하면 이런 공통 태그들을 자동으로 입력되도록 만들 수 있습니다.

유튜브 크리에이터 스튜디오로 접속한 다음 좌측 하단에 있는 [설정]을 클릭하세요. 설정 창이 나오면 [업로드 기본 설정]으로 들어가서 태그 입력란에 공통적으로 사용할 태그를 입력해둡니다. 이때 너무 많은 태그를 입력해두면 나중에 수정하기가 오히려 불편해지므로, 꼭 필요한 태그들만 입력해두고 나머지들은 동영상을 올릴 때 추가하는 편이 좀 더 수월합니다(태그뿐만 아니라 제목과 설명란에 공통으로 들어가는 내용이 있다면 여기에서 입력해둘 수 있습니다).

2. 유튜브 영상을 SNS에 공유하기

유튜브 동영상을 처음 올리게 되면 아무도 내 영상을 봐주지 않을지 모릅니다. 처음 시작한 까닭에 인기가 없으니까요. 유튜브 알고리즘이 나를 적극적으로 밀어주지 않는다면 유튜브 채널을 성장시키는 게 초창기에는 꽤 어렵습니다. 따라서 처음에는 유튜브 자체에서 밀어주는 시스템에 의지하기보다는 스스로 채널을 홍보하여 최대한 많은 사람들이 내 영상을 볼 수 있게끔 노력해야 합니다. 가장 쉬운 방법은 친구들에게 유튜브 영상을 공유하고, 내가 운영하는 다른 SNS에 공유하는 것입니다.

블로그에 유튜브 영상 공유하기

블로그에 유튜브 영상을 공유하는 방법은 무척 쉽습니다. 네이버 블로그 기준으로 알려드릴게요.

❶ 먼저 글쓰기 버튼을 클릭하여 글쓰기 창으로 이동한 다음 공유하고 싶은 유튜브 동영상을 찾습니다. 동영상 아래에 '공유' 버튼이 있습니다. 이 버튼을 클릭하세요.

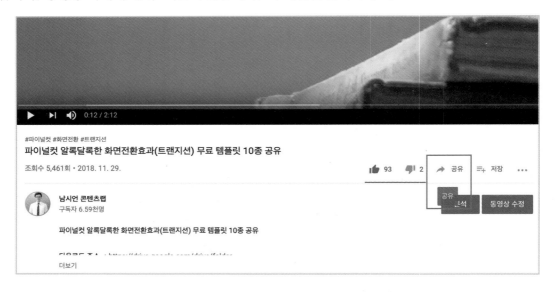

❷ 유튜브 동영상의 주소가 나오면 복사 버튼을 클릭하여 주소를 복사합니다.

❸ 본문 내용에 그대로 붙여넣기 한 후 Enter 를 누르세요. 자동으로 유튜브 주소와 유튜브 영상이 추가됩니다. 과거에는 HTML 또는 외부 링크를 활용하여야 해서 방법이 조금 복잡했지만, 최근에는 이처럼 아주 간단하게 바뀌었습니다.

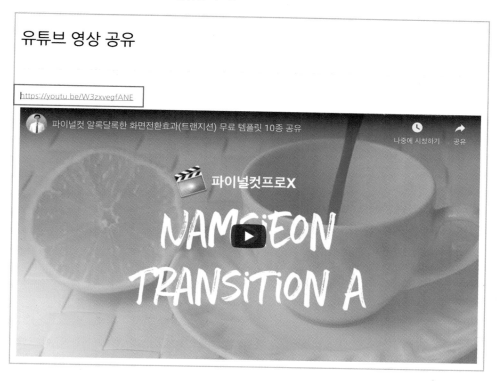

페이스북에 유튜브 영상 공유하기

페이스북에 유튜브 영상을 공유하는 방법은 스마트폰 기준으로 소개합니다. PC버전과 화면만 다를 뿐, 방법은 똑같습니다.

스마트폰에서 유튜브의 공유하고 싶은 영상을 찾은 다음, 영상 아래쪽에 있는 [공유] 버튼을 클릭합니다. 그런 다음 [링크 복사]를 클릭하세요. 이후 페이스북에 접속하여 새로운 글을 작성하고 내용에 방금 복사한 링크를 '붙여넣기' 해줍니다. 유튜브 주소와 미리보기 이미지가 자동으로 생성되면서 다른 사람에게 보여집니다.

여기서 잠깐!

인스타그램은 게시물에서 다른 링크를 허용하지 않으므로 유튜브 영상을 공유할 수 없습니다. 따라서 인스타그램에는 별도의 게시물을 만들어서 유튜브에 영상을 올렸으니 시청해달라는 표현을 하는 방식으로 운영해야 합니다. 1분짜리 짧은 맛보기 영상을 올리고 풀버전은 유튜브에서 볼 수 있다는 방식도 좋고, 썸네일 이미지를 인스타그램에 올리면서 유튜브에서 해당 영상을 볼 수 있다는 방식도 추천합니다.

카카오톡으로 유튜브 영상 공유하기

카카오톡도 페이스북에 공유할 때와 방식이 비슷합니다. 공유하고 싶은 유튜브 동영상 아래에서 [공유] 버튼을 클릭한 다음 카카오톡을 선택해줍니다. 그러면 누구에게 카카오톡을 보낼 것인지 물어보는 '대화상대 선택' 창이 나타나는데요. 여기에서 보내고 싶은 사람을 선택하고 [다음]을 눌러줍니다. 그러면 해당 사용자에게 유튜브 영상이 공유됩니다.

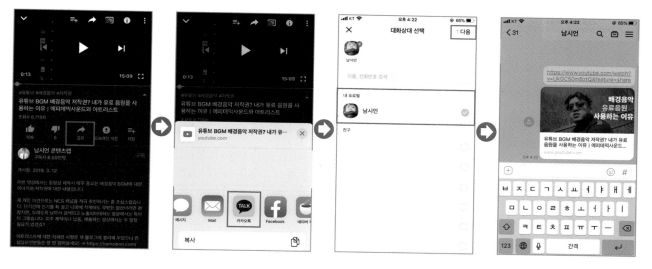

3. 유튜브 채널 예고편 등록하기

채널 예고편 동영상은 누군가 내 유튜브 채널에 방문했을 때 제일 위에 표시되는 하나의 동영상입니다. PC에서 접속할 경우 자동으로 재생되며, 모바일(스마트폰)에서 접속하면 상단에 위치해서 첫 화면에 보여줄 수 있는 공간입니다. 크리에이터 본인, 또는 자신의 유튜브 채널을 소개하고 주제를 알려주는 역할을 하므로 효과적으로 활용해야 합니다.

▲ 채널 예고편 (화면 상단에 자리잡고 있으므로 중요한 위치)

자신의 유튜브 채널에 예고편을 등록하지 않을 수도 있지만, 보통은 등록해두는 걸 추천합니다. 예고편 동영상은 새로운 방문자용, 재방문 구독자용으로 나누어 등록할 수 있는데요. 같은 영상을 등록해도 괜찮고, 서로 다른 영상을 등록하는 것도 좋습니다. 예고편으로 등록하려면 해당 영상이 먼저 유튜브 채널에 업로드된 상태여야 합니다.

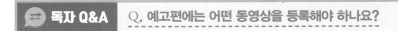

독자 Q&A   **Q. 예고편에는 어떤 동영상을 등록해야 하나요?**

A. 유튜브 채널 운영 초창기에는 자신이 누구이며 이 유튜브 채널이 어떤 채널인지 간략하게 소개하는 주제가 좋다고 생각합니다. 실제로 유튜브 크리에이터 공식 채널에서도 자기 채널 소개 영상을 주제로 권장하고 있습니다.

예고편 등록은 아주 간단하게 할 수 있습니다.

❶ 자신의 유튜브 채널에 접속한 다음 상단에 있는 [채널 맞춤설정] 버튼을 클릭하세요.

❷ 재방문 구독자용 예고편부터 등록하겠습니다. 아래쪽에 있는 [콘텐츠 추천] 버튼을 클릭하거나 오른쪽에 마우스를 올리면 나오는 연필 모양의 [수정] 버튼을 클릭합니다.

❸ 업로드한 동영상 중에서 예고편으로 등록하고 싶은 영상을 선택하고 [저장]을 누릅니다.

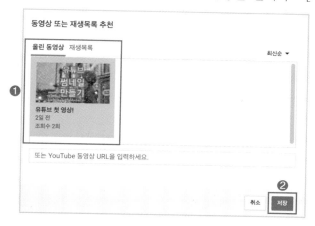

❹ 제목 추가는 선택사항입니다. [저장]을 클릭하고 나오는 화면에서 최종 확인한 후 [완료] 버튼을 클릭하세요.

❺ 재방문 구독자용 예고편 동영상이 정상적으로 등록되었습니다.

❻ 이제 상단 탭에서 신규 방문자용을 클릭하고 [채널 예고편] 버튼을 누릅니다.

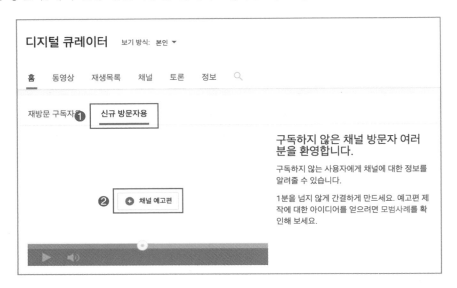

❼ 업로드한 동영상 중에서 원하는 영상을 선택하고 아래쪽에 [저장]을 클릭합니다.

❽ 신규 방문자용 예고편이 정상적으로 등록되었습니다.

여기서 잠깐!

유튜브 채널 운영 초창기에는 예고편 영상이 아주 큰 역할을 할 수 있습니다. 특히 신규 방문자용 예고편이 그렇습니다. 따라서 너무 긴 동영상 보다는 짧고 임팩트 있는 1~2분 정도의 길이를 가진 영상을 추천합니다. 예고편용 유튜브 영상을 별도로 촬영하여 업로드하는 것도 고려해보세요. 예고편 영상에서 구독을 요청해보는 것도 좋겠죠?

4. 유튜브 홈 화면 꾸미기

이제 유튜브 첫 화면을 예쁘고 일목요연하게 꾸며봅니다. 유튜브 홈 화면은 홈페이지로 치면 홈 화면, 블로그로 치자면 프롤로그 화면 정도에 해당합니다. 시청자 또는 예비 구독자들이 내 채널을 클릭하여 방문했을 때 나타나는 첫 번째 화면으로, 내 채널의 주제를 알려주고 매력을 어필하는 곳이죠. 또한 다양한 영상 재생목록들을 정리해서 일목요연하게 보여줄 수 있는 공간입니다. 보통 예비 구독자들이 어떤 채널에 대해 구독 여부를 결정할 때 홈 화면을 방문하여 여러 가지 영상들을 살펴보는데요. 실제로 이 첫 화면에서 구독 버튼을 클릭하는 구독자들이 많습니다. 내 유튜브 채널의 첫인상이 될 장소이므로 예쁘게 꾸미는 게 좋겠죠?

▲ 유튜브 홈 화면 구성 요소

유튜브 홈 화면은 공통된 모습을 가지고 있습니다. 제일 위에 채널 아트가 자리잡고 있으며, 바로 아래에 프로필 사진과 구독 버튼이 보입니다. 그 아래에는 예고편으로 등록한 영상이 나타나며 (예고편을 등록하지 않았다면 바로 재생목록이 보입니다), 아래에 재생목록들이 나열되어 있습니다. 우리는 지금까지 채널아트와 프로필 사진을 등록했고, 앞장에서 예고편 동영상 등록까지 끝마쳤습니다. 이제 꾸며야 할 공간은 재생목록 부분입니다.

❶ 유튜브 홈 화면에서 [채널 맞춤설정] 버튼을 클릭합니다.

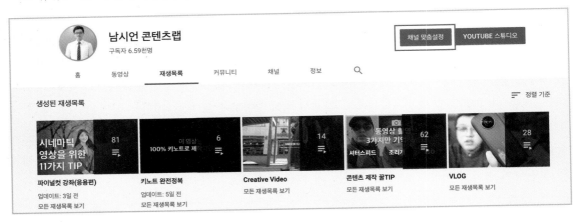

❷ 화면 아래쪽에서 [섹션 추가] 버튼을 누릅니다.

❸ 콘텐츠 선택창이 나오면 클릭해서 원하는 목록을 선택하고 [완료] 버튼을 누릅니다. 같은 작업을 여러 번 반복하여 여러 개의 재생목록 나열로 첫 화면을 예쁘게 꾸며주세요. 첫 화면을 꾸미려면 여러 개의 동영상이 업로드된 상태여야 합니다. 따라서 업로드하는 영상들을 재생목록으로 적절하게 분류하고 영상을 자주 업로드하세요.

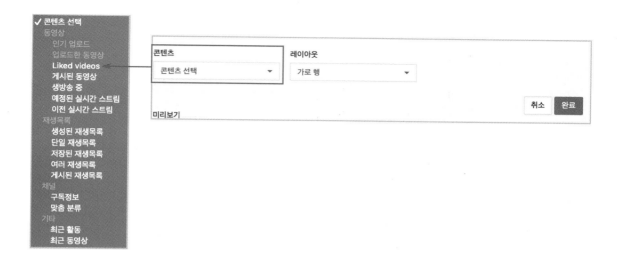

재생목록의 정렬 순서 변경하기

유튜브 홈 화면에 재생목록을 등록할 때 옵션을 설정할 수 있습니다. 업로드한 순서대로 보여줄 수도 있고 인기순(조회수 기준)으로 정렬할 수도 있습니다.

▲ 업로드한 순서대로 정렬한 재생목록

▲ 인기순(조회수) 기준으로 정렬해둔 재생목록

각 재생목록마다 다른 정렬을 활용하면 원하는대로 홈 화면을 꾸밀 수 있어서 유용하니 꼭 이 방법을 숙지해두세요.

❶ 제일 먼저 유튜브 크리에이터 스튜디오에 들어간 다음, 왼쪽 메뉴에서 [재생목록]을 클릭합니다.

❷ 정렬을 변경하고 싶은 재생목록 오른쪽에 있는 [수정] 버튼을 클릭합니다.

❸ 재생목록 수정 화면이 나오면 아래쪽에 있는 [...] 버튼을 클릭하여 [재생목록 설정]으로 들어갑니다.

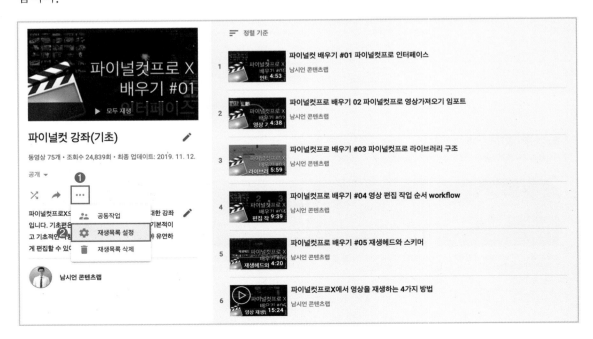

❹ [고급 설정]을 클릭합니다.

❺ 정렬 탭에서 원하는 정렬을 선택하고 [저장]을 클릭합니다.

❶ 직접 : 동영상의 순서를 직접 지정합니다.

❷ 추가된 날짜(최신순) : 동영상이 추가된 날짜를 최신순 기준으로 정렬합니다.

❸ 추가된 날짜(오래된순) : 동영상이 추가된 날짜를 오래된순 기준으로 정렬합니다.

❹ 인기순 : 조회수를 기준으로 내림차순 정렬합니다. 인기가 많은 영상이 앞에 배치됩니다.

❺ 게시된 날짜(최신순) : 게시된 날짜를 기준으로 최신순으로 정렬합니다.

❻ 게시된 날짜(오래된순) : 게시된 날짜를 기준으로 오래된순으로 정렬합니다.

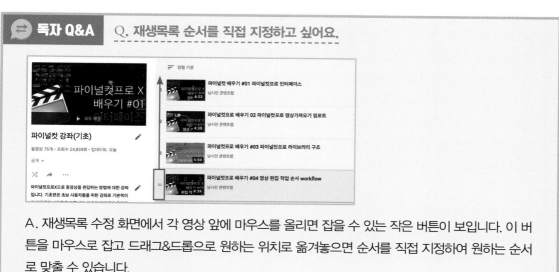

독자 Q&A Q. 재생목록 순서를 직접 지정하고 싶어요.

A. 재생목록 수정 화면에서 각 영상 앞에 마우스를 올리면 잡을 수 있는 작은 버튼이 보입니다. 이 버튼을 마우스로 잡고 드래그&드롭으로 원하는 위치로 옮겨놓으면 순서를 직접 지정하여 원하는 순서로 맞출 수 있습니다.

유튜브 홈 화면 정렬 꿀팁

유튜브의 홈 화면을 꾸미는 것에 정답은 없지만 조금 효율적인 방법은 있습니다. <u>우선 제일 윗부분에는 가장 최근에 업로드한 동영상을 배치하는 걸 추천합니다.</u> 유튜브 채널에서 가장 인기있는 동영상을 보여주는 '인기 동영상'을 넣고 싶겠지만, 인기 동영상의 순서는 자주 바뀌지 않으므로 오래도록 똑같은 화면을 보여주게 됩니다. 조회수가 높은 동영상을 먼저 보여준다는 점에서 긍정적이지만, 계속 똑같은 화면을 보여줘야 하는 특성상 좋은 결과를 기대하기는 어렵습니다. 예비 구독자 또는 구독자가 내 채널을 방문했을 때 윗부분에서 계속 인기 동영상 재생목록이 보여지면 마치 채널에 새로운 동영상의 업로드가 없어서 운영되지 않는 것처럼 보일 수 있기 때문입니다.

업로드한 동영상을 상단에 배치하면 새로 업로드한 동영상을 위에 보여줄 수 있어서 활성화된 상태처럼 보여줄 수 있으며, 새로운 동영상의 조회수에도 도움이 됩니다.

업로드한 동영상 재생목록 아래에서부터는 채널 주제에 걸맞는 재생목록들 중에서 중요도 순서로 내림차순 정렬하는 것을 추천합니다. 시청자들이 어떤 주제를 좋아할지 고민해보고 더 많이 시청할 것 같은 재생목록을 위쪽에 배치하고, 조금 덜 중요한 주제라면 아래쪽에 배치하세요.

5. 동영상에 최종화면과 카드 삽입하기

유튜브에서 지원하는 최종화면과 카드 기능은 시청자가 내 채널을 떠나지 않고 내 채널의 영상들을 마치 파도타기처럼 계속 시청하도록 만들어주는 도구입니다. 유튜브 크리에이터 스튜디오의 동영상 수정 기능을 통해 삽입할 수 있는데요. 최종화면과 카드 모두 시청자에게 다른 영상을 추천해주는 역할이라고 할 수 있습니다. 적절하게 활용한다면 시청자에게도 도움이 되며, 내 채널에도 시청시간 증가와 조회수 증가에 도움이 될 것입니다.

▲ 남시언 콘텐츠랩 채널의 최종화면

▲ 남시언 콘텐츠랩 채널의 카드

동영상에 최종화면 삽입하기

최종화면은 동영상의 마지막 구간에만 넣을 수 있는 특수한 기능입니다. 최소 5초에서 최대 20초까지 넣을 수 있습니다. 이를 통해 다른 동영상을 홍보하거나 시청자의 구독을 유도할 수 있는데요. 구독은 프로필 사진을 삽입하여 클릭하도록 만들면 되고, 다른 동영상의 시청 유도는 동영상을 링크하면 됩니다. 단, 최종 화면을 넣으려면 동영상 길이가 25초 이상이어야만 합니다. 25초 이하의 짧은 동영상에는 최종화면을 넣을 수 없으니 주의하세요.

❶ 유튜브 크리에이터 스튜디오로 접속한 다음, 왼쪽에서 [동영상]을 클릭합니다. 최종화면을 넣고 싶은 동영상 옆에 마우스를 올려 연필 모양의 [수정] 버튼을 클릭합니다.

❷ 화면 오른쪽에 있는 [최종 화면] 버튼을 클릭하세요.

❸ 최종화면 시작 위치가 자동으로 영상의 끝부분 20초 전 구간에 맞춰집니다. 최종화면이 시작되는 구간을 바꾸고 싶다면 아래쪽 커서를 움직이세요. 그런 다음 [요소 추가] 버튼을 클릭합니다.

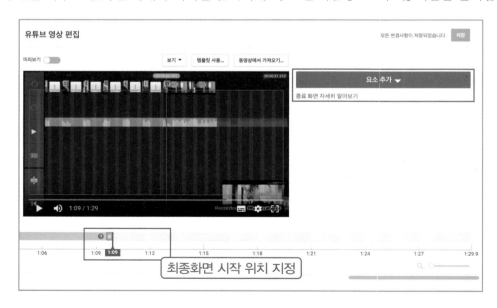

❹ [동영상 또는 재생목록] 옆에 있는 [만들기]를 클릭합니다.

❺ 여기에서 3가지 옵션을 고를 수 있는데요. 보통은 자유로운 영상 링크를 위해 제일 아래쪽에 있는 [동영상 또는 재생목록 선택]을 고릅니다. 선택한 후 [요소 만들기]를 클릭하세요.

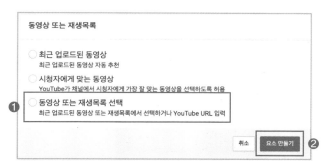

❻ 링크를 원하는 동영상을 선택합니다. 만약 목록에서 원하는 영상이 없는 경우 해당 영상의 유튜브 주소를 복사하여 아래쪽 링크 입력란에 붙여넣기 합니다. 그런 다음 [요소 만들기]를 클릭하세요.

❼ 최종화면 구간에 영상이 추가되었습니다. 해당 영상은 마우스로 잡고 옮기면 위치를 조정할 수 있으며, 사각형 모퉁이에 있는 하얀색 점을 이용해 크기를 조절할 수도 있습니다. 최종화면은 총 4개까지 넣을 수 있으며, 나중에 구독 버튼을 추가한다고 가정했을 때에는 3개까지만 넣을 수 있습니다.

❽ 구독을 유도하기 위해 구독 버튼도 넣어보겠습니다. [요소 추가]에서 [구독]의 [만들기]를 클릭합니다.

❾ 구독 버튼이 추가되었습니다. 이 구독 버튼은 시청자가 해당 버튼 위에 마우스를 올리면 구독할 수 있는 버튼이 나타나는 유용한 최종화면 꾸미기 요소입니다. 구독 버튼은 자동으로 프로필 사진이 나오며, 크기를 조절할 수 없습니다. 위치는 이동할 수 있습니다.

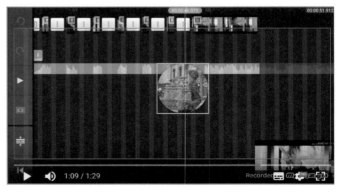

⑩ 최종화면에서 각 객체의 위치나 배치가 어렵게 느껴진다면 위에 있는 [템플릿 사용]을 활용해 보세요.

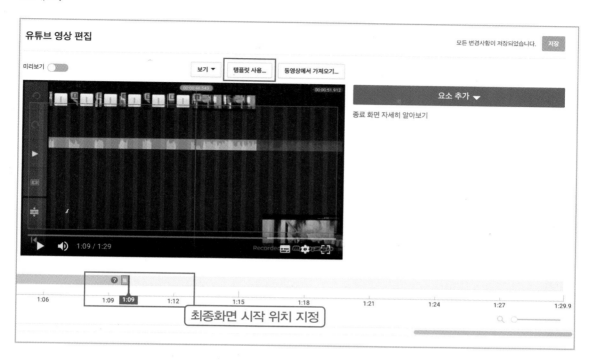

여기서 잠깐!

유튜브에서 최종화면은 별도의 최종화면 전용 영상을 만들어두고, 영상 편집이 끝난 후 마지막에 해당 영상을 이어 붙여서 제작하는 방식이 인기입니다. 기존 영상에 최종화면을 넣게 되면 영상의 마지막 부분이 프로필이나 다른 영상 링크에 가려진다는 문제점이 있습니다. 더불어 최종화면 영상을 별도로 만들어 뒤에 추가하게 되면 영상의 총 길이를 조금 더 늘릴 수 있다는 이점도 있죠.

동영상에 카드 삽입하기

유튜브의 카드 기능은 동영상을 시청하는 와중에 상단 오른쪽에 잠깐 나왔다가 사라지는 추천 링크입니다. 카드에는 동영상과 재생목록, 링크 등 다양한 요소를 넣을 수 있습니다. 예를 들어 자신이 운영하는 블로그나 홈페이지를 링크해서 시청자들에게 클릭을 유도할 수 있습니다.

▲ 시청자에게 텍스트로 보여지는 카드

▲ 카드를 클릭했을 때 나타나는 화면

동영상 시청 중에는 카드가 짧게 텍스트로 보여집니다. 이 카드를 클릭하면 링크된 영상 혹은 페이지가 나타나며, 여기에서 추가로 클릭하여 링크된 페이지로 이동할 수 있습니다.

❶ 유튜브 크리에이터 스튜디오에서 왼쪽 [동영상]을 클릭한 다음, 카드를 넣고 싶은 영상에서 연필 모양의 [수정] 버튼을 누릅니다.

❷ 오른쪽 버튼들 중에서 [카드]를 클릭합니다.

❸ 제일 먼저 할 일은 카드가 언제 나타날지 정하는 일입니다. 아래쪽의 버튼을 이용해 카드가 표시될 구간을 지정합니다. 예를 들어 1:00 구간에 가져다놓으면, 영상이 재생되다가 1분 시점에서 시청자에게 카드가 표시됩니다. 구간 지정 후 [카드 추가] 버튼을 클릭합니다.

❹ 카드에는 총 4가지 종류의 링크를 넣을 수 있습니다. 동영상 또는 재생목록, 유튜브 채널, 설문조사, 외부링크입니다. 여기에서 외부링크는 유튜브 파트너 프로그램(유튜브 수익 창출에서 살펴봤던 파트너 프로그램과 동일한 프로그램으로 구독자 1,000명 이상, 시청시간 4,000시간 이상 자격요건 충족)에 가입된 채널에서만 이용할 수 있습니다. 여기에서는 '동영상 또는 재생목록'을 넣어보겠습니다. [만들기] 버튼을 클릭합니다.

❺ 최신 동영상들 중 하나를 골라 클릭하거나 아래쪽 링크 입력란에 유튜브 영상의 링크를 넣습니다. 영상의 제목이 그대로 표시되는 게 아니라 별도의 텍스트로 표현하고 싶다면 아래쪽에 있는 '티저 텍스트…'를 클릭해서 글자를 입력한 후 [카드 만들기]를 클릭하세요.

❻ 화면 우측 상단에 'i' 표시가 바로 카드입니다. 카드가 정상적으로 삽입되었습니다. 같은 방식으로 여러 개의 카드를 넣을 수 있습니다.

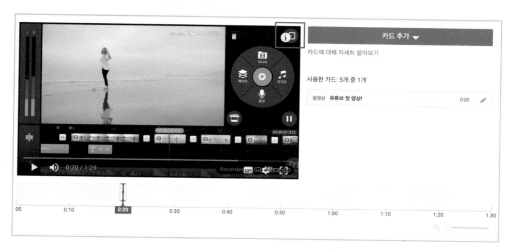

🔄 **독자 Q&A**　　Q. 카드는 몇 개까지 넣을 수 있나요?

A. 하나의 동영상에 최대 5개의 카드를 넣을 수 있습니다.

6. 워터마크 삽입하기

유튜브에서 워터마크는 동영상 화면에서 오른쪽 아래에 자리잡고 있는 작고 반투명한 버튼입니다. 시청자가 이 버튼에 마우스를 올리면 구독 버튼이 생성되는 유용한 기능이기도 하죠. 영상 시청에 크게 방해되지 않으면서 채널 브랜딩을 할 수 있는 요소입니다. 대부분의 유튜브 채널에서 워터마크를 사용하고 있어서 강력 추천하는 기능이에요. 보통 프로필 사진을 넣어 통일감을 주는 경우가 많지만 별도의 워터마크 이미지를 제작하여 넣을 수도 있습니다.

여기서 잠깐!

워터마크 이미지는 PC에서 동영상을 시청할 때만 클릭할 수 있습니다. 모바일에서는 가로모드에서만 표시되며 클릭할 수는 없습니다. 또한 아동용으로 설정된 동영상에서도 워터마크가 나타나지 않습니다.

워터마크 이미지 제작하기

앞서 썸네일 이미지를 만들 때 사용했었던 스마트폰 픽셀랩 앱을 활용해 워터마크를 만들어보겠습니다.

❶ 픽셀랩 앱을 실행하고 아래쪽에서 메뉴를 선택한 다음 [이미지 사이즈]를 클릭합니다. 그런 다음 사이즈 입력창이 나오면 가로(width)를 150으로, 세로(height)를 150으로 입력한 후 [확인]을 누르세요. 유튜브 워터마크 이미지의 사이즈는 150×150입니다. 여기에서는 글자보다는 이미지 형태의 워터마크를 제작할 예정입니다. 워터마크 이미지 자체가 작은 사이즈의 이미지다 보니 글자보다는 이미지형으로 만드는 게 좋습니다. 기존에 있는 텍스트를 클릭하고 상단의 휴지통을 클릭하여 글자를 삭제하세요.

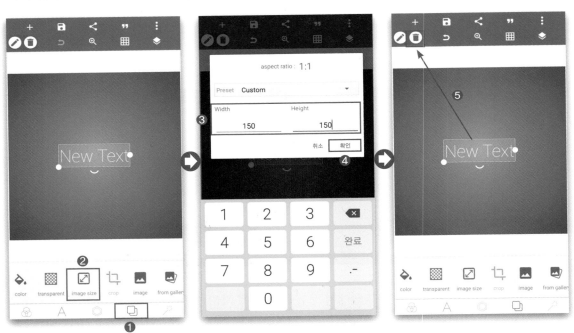

❷ 아래쪽 메뉴에서 [from gallery]를 클릭하고 워터마크 이미지로 넣고 싶은 사진을 선택한 후 아래쪽에서 [확인]을 누릅니다. 정사각형으로 알맞게 이미지가 들어갑니다.

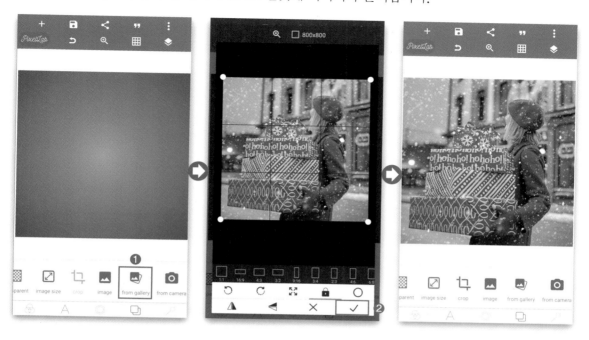

❸ 상단에 있는 디스크 이미지를 클릭하여 [save as image]를 클릭하고 저장합니다. 저장 설정 창이 나오면 [format]을 클릭하여 png로 바꿔주세요. 그런 다음 아래쪽에 있는 [SAVE TO GALLERY]를 눌러서 갤러리에 저장합니다.

워터마크 이미지 설정하기

여기서 잠깐!

스마트폰에 저장된 워터마크 이미지를 PC로 먼저 옮겨주세요. 옮기는 방법은 이메일, 카카오톡, 클라우드 등을 활용하면 됩니다.

❶ 유튜브 크리에이터 스튜디오로 접속한 후 왼쪽 메뉴에서 [설정]으로 들어갑니다. 설정창이 나오면 왼쪽에서 [채널]을 클릭한 후 [브랜드] 탭을 누릅니다. 아래쪽에 있는 [이미지 선택]을 클릭하고 방금 제작한 워터마크 이미지를 선택해줍니다.

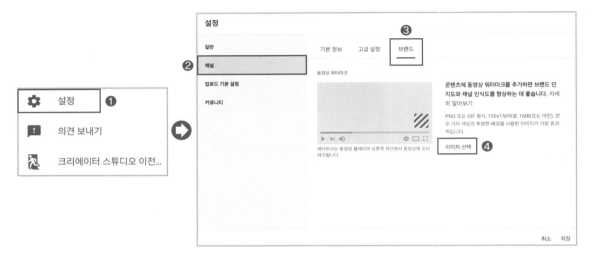

❷ 이미지 선택이 끝나면 표시 시간을 설정해야 하는데요. 동영상 끝으로 설정하면 동영상 끝부분 15초 구간에만 워터마크가 삽입되며, 맞춤 시작 시간으로 설정하면 내가 원하는 시간대에만 워터마크를 넣을 수 있습니다. 다만 이 방법은 영상마다 지정해주어야 하니 다소 번거로울 수 있습니다. 보통은 제일 아래쪽에 있는 전체 동영상으로 설정하는 편으로, 영상의 처음부터 끝까지 워터마크가 표시됩니다. 원하는 표시 시간을 선택한 후 아래쪽의 [저장]을 클릭하세요.

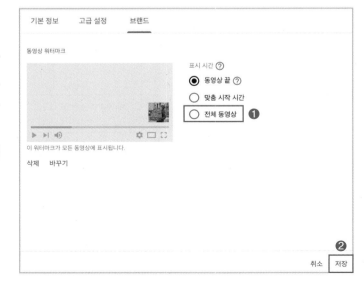

❸ 이제 영상을 재생해보면 워터마크가 잘 표시되는 것을 확인할 수 있습니다.

여기서 잠깐!

워터마크 삽입 후 표시되기까지 약간의 시간이 소요될 수 있습니다. 설정을 제대로 마쳤다면 곧 적용되니 느긋한 마음으로 기다려보세요.

7. 시청자들과 댓글로 소통하기

유튜브에서 댓글 소통은 무척 중요한 부분입니다. 사람들은 영상 제작자와 소통하고 싶어합니다. 댓글을 남기고 질문을 던질 수도 있죠. 여기에 '하트'나 '좋아요'를 눌러 관심을 표시하고 필요하다면 답글을 달아주어야 합니다. 처음에는 댓글이 많지 않겠지만 시간이 지나면 자연스럽게 댓글이 늘어날 것입니다. 댓글을 남긴 사람이 유튜브 채널을 운영하는 크리에이터라면 해당 채널의 영상도 감상한 후 상호 소통하는 것도 유튜브에서 활동하는 좋은 방법입니다. 댓글 확인과 답글은 수시로 해주는 게 적절할 것으로 봅니다. 여기에서는 댓글을 수시로 확인할 수 있게끔 스마트폰에서 시청자들과 댓글로 소통하는 방법을 소개합니다.

❶ 제일 먼저 유튜브 크리에이터 스튜디오 앱을 실행합니다. 왼쪽 상단에 있는 메뉴 버튼을 누른 다음 [댓글] 메뉴를 클릭합니다. 내 채널에 달린 댓글이 최신순으로 표시되어 확인할 수 있습니다.

❷ 각 댓글에는 여러 개의 메뉴가 있습니다.

❶ 댓글에 '좋아요'를 누릅니다.

❷ 댓글에 '싫어요'를 누릅니다.

❸ 댓글에 답글을 다는 버튼입니다.

❹ 댓글에 '하트'를 표시합니다. 유튜브에서는 '좋아요'보다 많이 사용되는 기능입니다. '좋아요'와 '싫어요' 답글은 누구나 달 수 있지만 '하트'는 해당 채널의 크리에이터만 누를 수 있습니다.

❺ 추가 메뉴를 보는 버튼입니다.

❻ 해당 댓글을 삭제합니다.

❼ 해당 댓글을 스팸으로 신고합니다.

❽ 해당 댓글을 남긴 사용자를 채널에서 숨기기 처리합니다.

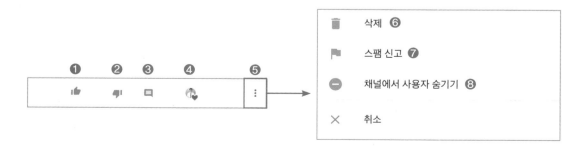

독자 Q&A   Q. 숨기기와 차단의 차이점이 무엇인가요?

A. 차이가 없습니다. 보통은 차단이라고 표현하지만 유튜브에서는 숨기기라고 표현하고 있습니다. 사용자를 숨기기 처리하면 해당 채널에서 해당 사용자가 작성한 모든 댓글이 48시간 이내에 사라집니다. 악성 댓글을 관리할 때 사용할 수 있습니다.

8. 구글 애드워즈로 유튜브 동영상 홍보하기

유튜브는 광고주가 내는 광고비가 주 수입원인 매체입니다. 구글 애드워즈는 구글에서 운영하는 셀프 서비스 광고 프로그램입니다. 광고주가 광고 집행을 위해서 가입하는 시스템이라고 보시면 되는데요. 광고를 집행하고 비용을 결제하는 등 구글 광고와 관련된 다양한 설정들과 보고서를 확인할 수 있습니다. 이 구글 애드워즈는 개인도 가입하여 활용할 수 있는데요. 개인 크리에이터의 경우 유튜브 채널을 처음 개설하게 되면 아무도 영상을 봐주지 않을 가능성이 높으므로, 초창기에 사용자들을 유입할 목적으로 광고를 진행할 수 있습니다. 회사처럼 비즈니스 서비스를 운영하는 곳이라면 자사의 서비스나 상품을 홍보하는데 활용할 수 있습니다. 쉽게 말하자면 유튜브에 나의 영상을 광고하는 시스템입니다.

여기서 잠깐!

애드워즈 광고는 선택 사항입니다

여기에서는 필요한 경우에 사용할 수 있도록 사용 방법을 알려드리는 것이며, 구글 애드워즈 광고를 반드시 진행해야 하는 것은 아닙니다. 콘텐츠가 훌륭하고 아이디어가 뛰어난 영상이라면 시간이 조금 걸리겠지만 광고 없이도 시청자들을 모을 수 있습니다. 구글 애드워즈 광고는 실제 비용이 들어가는 만큼 신중하게 고려해서 진행하시기 바랍니다. 유튜브 동영상을 통해 광고를 집행할 경우 광고 전용 영상을 별도로 제작하는 것이 좋습니다.

❶ 먼저 검색창에 '구글 애드워즈' 또는 https://ads.google.com/ 로 접속합니다. 또는 유튜브 크리에이터 스튜디오 [동영상] 탭에서 추가 메뉴의 [홍보하기]를 통해서도 접속할 수 있습니다. 여기에서는 유튜브 동영상을 홍보해서 채널의 조회수를 높이고 인지도를 늘릴 목적이라고 가정하고, 메뉴의 [홍보하기]를 클릭해서 진행합니다.

❷ 이렇게 접속하면 복잡한 설정 없이 바로 유튜브 영상 홍보 페이지로 접속됩니다. 아래에 있는 [시작하기] 버튼을 클릭하세요.

❸ 처음 접속하면 계정이 없을 거예요. 구글 애드 계정 만들기를 클릭합니다. 별도의 회원가입 과정은 없습니다. 구글 애드 계정은 구글 광고를 관리하는 광고주 입장의 계정입니다.

❹ 제일 먼저 홍보에 사용할 동영상을 지정합니다. 유튜브 동영상 주소를 넣을 수도 있습니다. 그런 다음 광고 방식을 결정합니다.

❶ 인스트림 광고 방식입니다. 여러분들이 유튜브에서 영상을 시청할 때 보는 바로 그 광고 방식 이죠. 동영상 전후 또는 재생 중에 광고가 노출됩니다. 사용자들은 5초 뒤에 건너뛰기 할 수 있습니다.

❷ 동영상 디스커버리 광고 방식입니다. 동영상 광고가 아니라 이미지 또는 텍스트로 광고를 노출한 후 사용자가 해당 광고를 클릭했을 때 지정한 동영상으로 이동하게 만들어서 시청하도록 유도합니다.

▲ 동영상 디스커버리 광고 방식의 예

❶ 광고 방식을 결정합니다.

❷ 광고가 게재될 위치를 정합니다. 유튜브로만 제한할 수 있습니다.

❸ 광고를 클릭했을 때 이동할 페이지 주소를 넣습니다. 예를 들어 자사 홈페이지 주소 또는 자신의 유튜브 채널의 주소가 될 수 있습니다.

❹ 광고가 표시될 때 어떻게 보이는지 미리 보는 화면입니다.

입력이 끝나면 우측 하단에 있는 [계속] 버튼을 클릭하세요.

❺ 타겟 시청자의 위치와 언어를 결정합니다. 세부적으로 결정해야 원하는 결과를 얻을 수 있습니다. 입력 후 아래쪽에 [계속]을 클릭하세요.

타겟층의 성별, 연령 등을 결정하고 고객의 의도를 설정합니다. 고객 의도의 경우 '최대한 넓게'를 선택하면, 아래 내용이 모두 포함됩니다. 인구통계는 정확하게 설정할수록 불필요한 비용을 절약하고 원하는 고객층에 더 많이 노출할 수 있습니다.

잠재고객

인구통계 | 도달하려는 잠재고객의 성별, 연령, 자녀 유무 상태는 어떠한가요? ⑦

성별	연령	자녀 유무
☑ 여성	☑ 18~24	☑ 자녀 없음
☑ 남성	☑ 25~34	☑ 자녀 있음
☑ 알 수 없음 ⑦	☑ 35~44	☑ 알 수 없음 ⑦
	☑ 45~54	
	☑ 55~64	
	☑ 65세 이상	
	☑ 알 수 없음 ⑦	

고객 의도 | 고객이 구매하려는 제품 또는 서비스가 무엇인가요?

○ 고객 의도를 최대한 넓게 유지

◉ 제품 또는 서비스를 구매할 의사가 있는 사용자에게 도달

고용 상태	⌄
교육	⌄
금융 서비스	⌄
미디어	⌄
미용 제품 및 서비스	⌄
부동산	⌄
비즈니스 및 산업 제품	⌄
비즈니스 서비스	⌄
선물, 기념일	⌄
소비자 가전	⌄
소프트웨어	⌄

위치

타겟 위치 | 고객이 어느 지역에 있습니까? ⑦

고객에게 도달하려는 지역을 생각한 후에 해당 지역을 선택하여 광고를 게재하세요. 고객이 거주하고 있고 내 제품 또는 서비스를 판매할 수 있는 지역을 선택하는 것이 좋습니다.

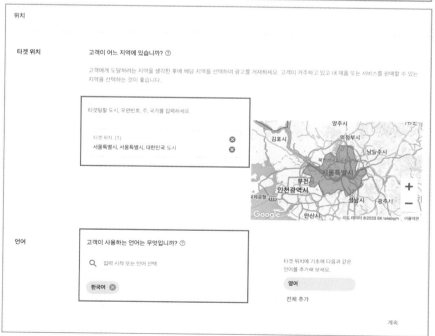

타겟팅할 도시, 우편번호, 주, 국가를 입력하세요

타겟 위치 (1)
서울특별시, 서울특별시, 대한민국 도시 ⊗ ⊗

언어 | 고객이 사용하는 언어는 무엇입니까? ⑦

🔍 입력 시작 또는 언어 선택

한국어 ⊗

타겟 위치에 기초해 다음과 같은
언어를 추가해 보세요.

영어

전체 추가

계속

❻ 마지막으로 예산을 설정합니다. 여기에서는 일일 예산을 설정할 수 있는데요. 이름 그대로 하루에 나가는 비용을 정하는 겁니다. 예를 들어 5만원을 입력하면 하루에 5만원 꼴로 지출됩니다. 하지만 반드시 하루에 5만원이 나가는 것은 아니며 노출되는 스타일에 따라 약간의 변동은 있습니다. 예를 들어 1일에는 6만원, 2일에는 4만원이 지출될 수 있습니다. 하지만 한 달 기준으로 총 금액(하루 5만원×30일)을 넘지 않도록 자동으로 조율되기 때문에 한 달 기준으로 생각하면 금액은 정확하게 떨어집니다. 더불어 사용자가 광고를 30초 이상 시청하거나 상호작용(클릭하여 페이지에 접속하는 등)을 할 경우에만 비용이 지출됩니다. 또한, 언제든지 광고 비용을 변경하거나 광고를 중지할 수 있습니다.

❼ 예산 입력을 끝마치면 오른쪽에서 예상 도달 범위를 체크해볼 수 있습니다. 일일예산 5만원 기준으로 한 주간 노출 5만~13만 사이, 조회수 2.3만~7.7만 사이의 결과가 나왔고 조회수당 비용은 8원~19원 사이입니다. 실제 결과는 어떨까요? 제 경험에 따르면 예상 도달범위에서 최댓값으로 나오는 경우는 드물며, 보통은 최솟값과 최댓값 사이에서 완료되는 경우가 많습니다. 마찬가지로 평균 조회당 비용도 중간 값 정도로 지출되는 경우가 많았습니다(예를 들어 8원~19원이면 실제 조회수당 지출은 13원~15원 정도). 이제 아래쪽에 있는 [결제 페이지로 이동]을 클릭하세요.

주간 예상 도달범위 ⓘ
현재 타겟팅 및 예산에 기반함

5.1만~13만
노출수
노출수는 광고가 게재될 때마다 집계되며 비용에는 영향을 미치지 않습니다.

2.3만~7.7만
조회수
조회수는 사용자가 동영상 광고에 관심을 보이고 30초 동안(광고 길이가 30초 미만일 경우 전체 재생 시간 동안) 시청할 때 또는 광고와 상호작용할 때 집계됩니다.

₩8~₩19
평균 조회당비용(CPV)
광고 조회가 발생할 때마다 지불하는 평균 금액입니다.

❽ 결제 페이지에서는 결제 관련 내용을 입력하면 됩니다. 가운데에 있는 결제 옵션 중 [수동 결제]를 선택하면 총 금액을 입력하여 해당 금액에서만 광고가 집행되도록 할 수 있습니다.

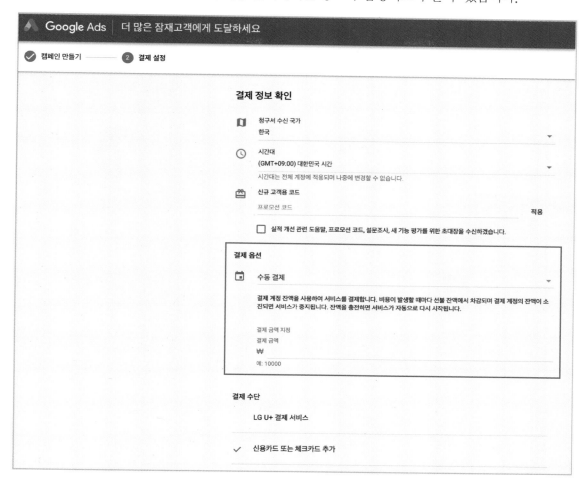

❾ 결제 관련된 설정을 마치고 아래쪽에서 [제출]을 클릭하면 광고 설정이 끝나며 곧 광고가 진행됩니다.

9. 유튜브 크리에이터 스튜디오에서 결과 분석하기

유튜브 크리에이터 스튜디오는 유튜브에서 활동하는 크리에이터에게 다양한 인사이트를 주는 공간입니다. 자신의 유튜브 채널 통계를 확인할 수 있고, 이 통계를 바탕으로 앞으로 어떤 방향으로 활동할지 고민해볼 수 있도록 도와주는데요. PC와 스마트폰의 유튜브 스튜디오 앱 양쪽에서 통계 분석을 확인할 수 있습니다. 여기에서는 조금 더 세분화된 분석을 위해 PC버전으로 설명합니다.

유튜브 홈페이지 우측 상단에 있는 프로필을 클릭한 다음 [YouTube 스튜디오]를 클릭하고 왼쪽 메뉴에서 [분석]으로 들어갑니다.

유튜브 통계 분석의 5가지 카테고리

유튜브 통계 분석에서는 아래 그림처럼 5가지로 구분된 1차 카테고리가 있습니다. 이렇게 구분된 각 항목에 따라 나타나는 분석을 통해 자신의 유튜브 채널의 명확한 결과를 알 수 있는거죠. 하나씩 살펴보겠습니다.

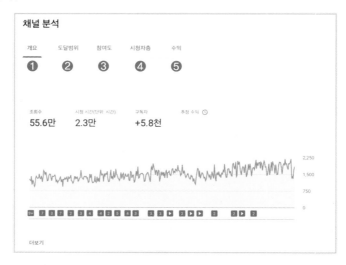

개요	유튜브 통계 분석의 전체적인 흐름을 한 눈에 볼 수 있는 기능입니다.
도달범위	노출수, 노출 클릭률, 조회수, 순 시청자수, 트래픽 소스 등 시청자가 내 유튜브 동영상을 찾아오는 경로 등을 분석합니다.
참여도	시청시간, 평균 시청시간, 인기 동영상, 상위 재생목록 등 시청자가 내 유튜브 동영상을 시청할 때 어떤 패턴을 보이는지 확인합니다.
시청자층	순 시청자수, 시청자당 평균 조회수, 구독자 증감 수치, 구독자 성별 및 연령층, 시청하는 국가 등 내 유튜브 채널에서 동영상을 보는 사람들의 현황을 자세하게 알 수 있습니다.
수익	추정 수익, 예상 수익 창출 재생 횟수, 광고유형 등 유튜브 동영상의 광고와 수익 관련된 내용을 확인하는 곳입니다.

❶ 개요 아래쪽에 있는 [더 보기] 버튼을 클릭하여 세부적인 통계 분석 화면으로 들어갑니다. 이곳에서 모든 통계를 볼 수 있습니다.

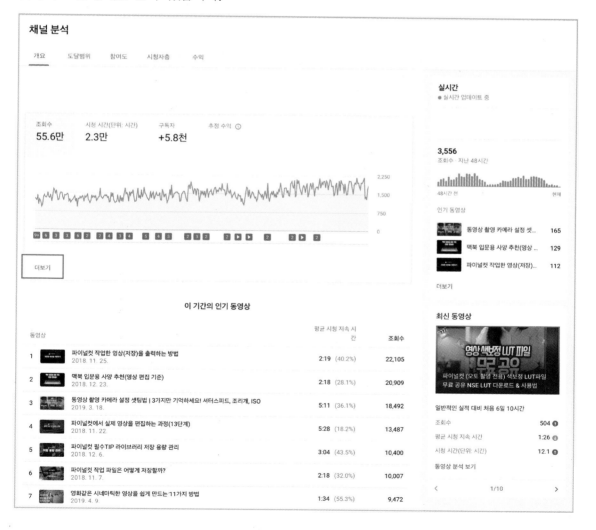

동영상 분석

동영상 탭에서 내 유튜브 채널의 동영상에 대한 분석을 확인할 수 있습니다. 일목요연하게 정리된 조회수나 시청시간 그래프, 구독자, 노출수 등을 확인할 수 있답니다. 내 유튜브 채널 동영상과 관련된 사항들을 확인해봅니다.

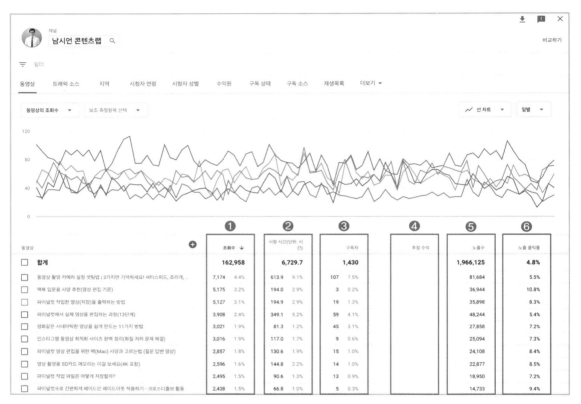

❶ **조회수** : 통계 분석 기간 동안 내 유튜브 채널의 총 조회수입니다. 기간별로 다르게 설정하면 특정 기간에 조회수가 많이 나오는 영상을 찾을 수 있습니다.

❷ **시청시간** : 시청자들의 콘텐츠 시청 시간을 표시합니다. 시청시간은 유튜브 채널 운영에서 매우 중요한 요소입니다.

❸ **구독자** : 해당 영상에서 발생한 구독자 수를 표시합니다. 조회수는 많은데 구독자 수가 다른 영상에 비해 낮다면, 영상에서 구독 요청을 하는 등의 방안을 고려해야 합니다.

❹ **추정 수익** : 해당 영상에서 발생한 수익을 알려줍니다.

❺ **노출수** : 동영상 썸네일 이미지가 시청자에게 표시된 횟수입니다. YouTube에서의 노출수만 표시합니다. 노출수가 많을수록 더 많은 시청자에게 노출된다는 뜻이므로 높은 게 좋습니다.

❻ **노출 클릭률** : 표시된 노출당 조회수입니다. 노출이 표시된 후, 시청자가 동영상을 시청한 빈도라고 할 수 있습니다.

TIP 시청시간

조회수와 구독자 수는 눈에 보이는 값이므로 민감하게 반응하는 분들이 많지만, 시청시간은 매우 중요함에도 사람들이 크게 신경쓰지 않는 수치이기도 합니다. 영상의 시청시간이 늘어날수록 유튜브 알고리즘에 의해 다른 사람에게 내 영상이 노출될 가능성이 높아집니다. 시청시간이 길다는 뜻은 바꾸어 이야기하면 영상이 재미있거나 유익하다는 의미입니다. 반대로 시청시간이 짧다면 영상이 재미없거나 유익하지 않다는 뜻이겠죠. 따라서 시청시간에 신경을 쓰면서 영상을 재미있고 유익하게 만들면 조회수나 구독자수에 비해 높은 수익을 얻을 수 있으며, 유튜브 채널을 유기적으로 성장시키는 데 큰 도움이 됩니다.

노출클릭률

노출은 충분한데 노출 클릭률이 많이 부족하다면 썸네일 이미지가 매력적이지 않다는 뜻으로 해석할 수 있습니다. 혹은 썸네일 이미지와 제목이 어울리지 않을 수도 있고, 또 다른 해석으로는 동영상의 주제와 관심사가 다른 시청자에게 영상이 노출되고 있을지도 모릅니다. 썸네일 이미지를 매력적으로 보이도록 변경하는 전략을 사용할 수 있습니다.

트래픽 소스

트래픽 소스는 유튜브 채널 운영에서 특히 중요한 분석 통계라고 할 수 있는데요. 내 동영상을 시청한 사람들이 어떤 경로로 접속했는지 알아낼 수 있기 때문입니다.

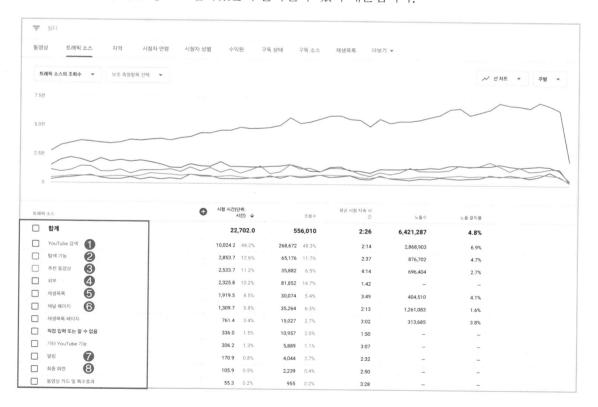

❶ **YouTube 검색** : 사용자들이 유튜브 검색을 통해 내 동영상을 시청한 비율입니다.

❷ **탐색 기능** : 홈페이지, 홈 화면, 구독 피드, 기타 탐색 기능에서 발생한 트래픽입니다.

❸ **추천 동영상** : 추천은 다른 동영상과 함께 표시되거나 다른 동영상이 재생된 후에 표시되는 경우로, 인기 영상이라면 추천 동영상으로 자주 뜨게 됩니다.

❹ **외부** : 동영상을 퍼가거나 YouTube의 내 동영상으로 연결되는 링크를 추가한 웹사이트 및 앱에서 발생한 트래픽입니다. 예를 들어 블로그나 SNS에 공유한 유튜브 링크에서 재생된 경우입니다. 유튜브를 처음 시작하는 단계에서는 외부 유입이 많은 게 유리합니다.

❺ **재생목록** : 내 재생목록이나 다른 사용자의 재생목록 등 내 동영상이 포함된 모든 재생목록에서 발생한 트래픽입니다.

❻ **채널 페이지** : 자신의 YouTube 채널 페이지, 다른 YouTube 채널 페이지 또는 주제 채널 페이지에서 발생한 트래픽입니다.

❼ **알림** : 구독자에게 전송된 알림 및 이메일에서 발생한 조회수입니다. 비율이 높을수록 내 유튜브 채널의 알림 설정을 했다고 봅니다. 낮을 경우 내 채널의 알림설정 가능성이 낮은 것이므로 영상에서 알림 설정을 요청할 수 있습니다.

❽ **최종화면, 카드** : 영상에 삽입할 수 있는 최종화면과 카드를 통해 내 영상에 접근한 비율입니다.

여기서 잠깐!

제가 운영하는 〈남시언 콘텐츠랩〉 채널의 경우, 교육용 콘텐츠를 제작하는 채널인 까닭에 추천 동영상 분야보다는 유튜브에서 검색하여 들어오는 시청자가 많은 편입니다. 무언가를 배우고 학습하는 일은 유익하지만, 공부를 해야 하는 특성상 재미 요소는 좀 떨어지니까요.

트래픽 소스는 주제에 따라 달라질 수 있습니다. 예를 들어 재미나 흥미를 유발하는 콘텐츠라면 유튜브 검색보다는 탐색 기능이나 추천 동영상의 트래픽 소스가 더 중요해질 수 있습니다. 실제로 추천 동영상 또는 탐색 기능에서 많은 유입이 된다면 채널 성장에 큰 도움이 됩니다.

탐색 기능과 추천 동영상에 자주 노출되려면 내가 올린 영상이 인기 있다고 판단되어야 합니다. 순간적인 트래픽이 중요해질 수 있습니다. 교육용 채널이 아닐 경우(교육용 채널이라고 하더라도) 탐색 기능과 추천 동영상에 많이 뜰수록 더 많은 시청자와 구독자를 기대할 수 있으므로 재미있고 흥미로운 영상을 만들어보시기 바랍니다. 또한, 시청자들에게 구독, 좋아요, 알림 설정, 댓글 등을 꾸준하게 요청하세요.

지역

전 세계의 사람들이 활동하는 유튜브에서는 지역 또는 국가별로 시청자가 얼마나 되는지 확인할 수도 있습니다. 한국의 경우 단일 항목으로 나타나며, 미국의 경우 '주' 별로 나누어 볼 수 있어요. 글로벌한 채널을 운영하고 싶다면 해외 시청자들에게 노출되는 것도 중요할 것입니다. 해당 언어의 자막을 제공하는 등의 전략을 고민해보세요.

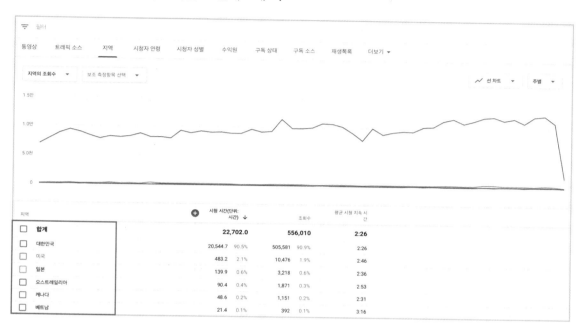

여기서 잠깐!

유튜브는 해외 시청 비율도 높은 편입니다. 유튜브 채널 구독자분들 중에서는 해외에 거주하는 분들도 계십니다. 전 세계인들이 사용하는 유튜브인 만큼 해외 시청자들이 많은데요. 꼭 외국인이 아니라고 할지라도, 해외에서 시청하는 한국분들이 계시기 때문에 지역별 통계는 채널마다 다르게 나타날 수 있습니다.

시청자 연령

시청자의 연령대를 확인해봅니다. 모두가 함께 볼 수 있는 주제라면 넓은 연령대를 가질 수 있지만, 일반적으로는 특정 연령대 구간에 집중되어 있는 경우가 많습니다. 제 채널의 경우 25세~44세 정도, 그러니까 주로 성인이고 다소 젊은 층의 분들이 많이 본다는 걸 알 수 있죠. 주력 시청자 연령대에 따라 다양한 전략을 생각해볼 수 있습니다. 특정 나이 대에서 좋아하는 문화와 분위기가 있으니까요.

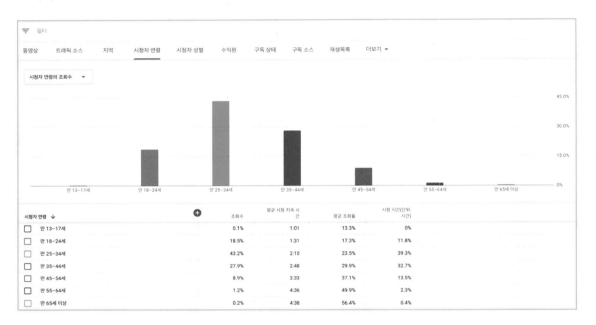

여기서 잠깐!

모든 연령층을 만족시키기는 굉장히 어려우므로 특정 연령대에 맞춘 영상을 제작하는 것도 좋은 방법입니다.

시청자 성별

시청자 성별을 구분해봅니다. 유튜브 채널의 주제에 따라 다르게 나타날 수 있습니다. 예를 들어 뷰티 관련 주제라면 남성분들보다는 여성분들에게 인기일 수 있습니다. 게임이나 자동차 관련이라면 남성의 비율이 높을 것입니다.

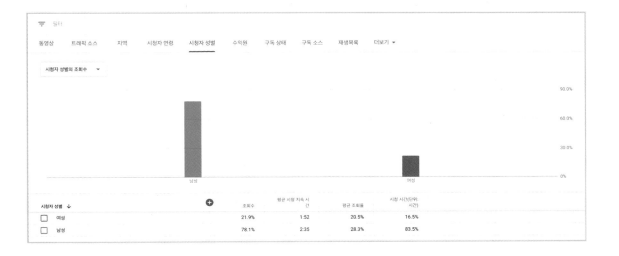

시청자 성별 ↓		조회수	평균 시청 지속 시간	평균 조회율	시청 시간(단위:시간)
☐ 여성		21.9%	1:52	20.5%	16.5%
☐ 남성		78.1%	2:35	28.3%	83.5%

수익원

내 유튜브 채널의 수익을 점검해봅니다. 어떤 광고 유형에서 얼마나 광고 수익이 나타나는지 확인할 수 있습니다. 유튜브 프리미엄 사용자들에게는 유튜브 광고가 나타나지 않습니다. 유튜브 프리미엄 수익은 유튜브 프리미엄을 이용하는 시청자들이 시청했을 때의 수익입니다. [추정 광고 수익]을 클릭하면 구체적인 광고 유형을 확인할 수 있습니다.

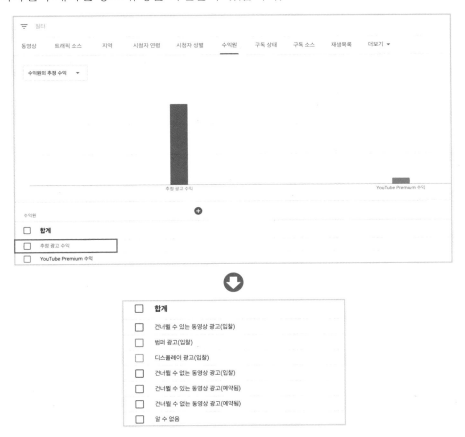

구독 상태

시청자들의 구독 현황을 보여줍니다.

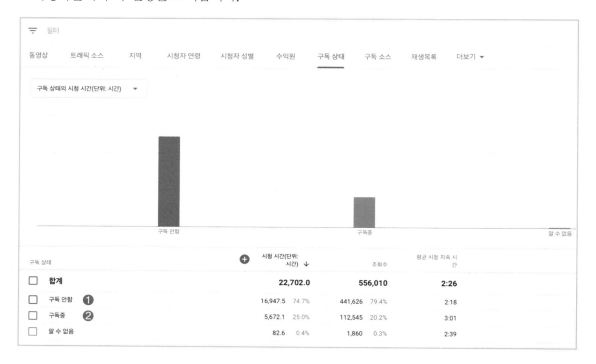

구독 상태	⊕	시청 시간(단위: 시간) ↓		조회수		평균 시청 지속 시간
☐ **합계**		**22,702.0**		**556,010**		**2:26**
☐ 구독 안함 ❶		16,947.5	74.7%	441,626	79.4%	2:18
☐ 구독중 ❷		5,672.1	25.0%	112,545	20.2%	3:01
☐ 알 수 없음		82.6	0.4%	1,860	0.3%	2:39

❶ 구독 안함 : 로그아웃 상태이거나 시청 중인 동영상의 채널을 구독하지 않은 시청자입니다.

❷ 구독중 : 로그인 상태이며 시청 중인 동영상의 채널을 구독한 시청자의 활동입니다.

여기서 잠깐!

구독 안함 비율은 처음에는 높을 수 있지만 시간이 지나면서 낮아져야 합니다. 구독안함 비율이 줄어들지 않는다면 영상에서 구독을 꾸준하게 요청해야 합니다. 구독을 깜빡한 시청자들도 있으니까요.

구독 소스

구독자들의 증감 수치를 확인하는 공간입니다. 구독자 숫자가 마이너스(−)라면 구독 취소가 발생한 것입니다. 구독 취소는 여러 가지 이유에서 발생될 수 있으며, 구독자의 계정이 삭제되는 등의 이유도 포함됩니다.

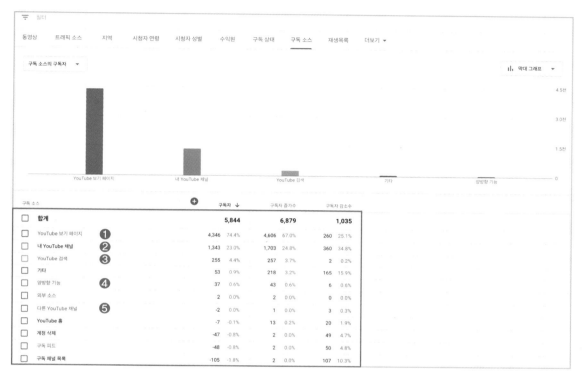

❶ YouTube 보기 페이지 : 동영상 보기 페이지(동영상 시청 화면)의 구독 버튼에서 발생한 구독입니다.

❷ 내 YouTube 채널 : 채널 페이지의 구독 버튼에서 발생한 구독입니다.

❸ YouTube 검색 : 유튜브 검색결과에서 발생한 구독입니다.

❹ 양방향 기능 : 최종 화면, 워터마크 브랜딩 등에서 발생한 구독입니다.

❺ 다른 YouTube 채널 : 내 채널이나 동영상을 추천하는 다른 채널 또는 내 채널과 관련이 있는 다른 채널에서 발생한 구독입니다.

재생목록

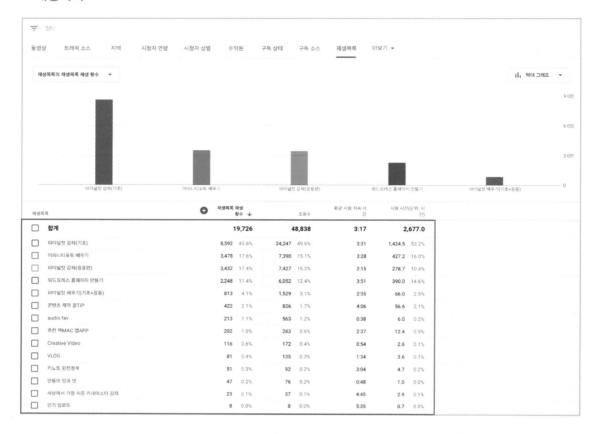

재생목록	재생목록 재생 횟수 ↓		조회수		평균 시청 지속 시간	시청 시간 (단위: 시간)	
합계	**19,726**		**48,838**		**3:17**	**2,677.0**	
파이널컷 강좌(기초)	8,592	43.6%	24,247	49.6%	3:31	1,424.5	53.2%
어피니티포토 배우기	3,478	17.6%	7,390	15.1%	3:28	427.2	16.0%
파이널컷 강좌(응용편)	3,432	17.4%	7,427	15.2%	2:15	278.7	10.4%
워드프레스 홈페이지 만들기	2,248	11.4%	6,052	12.4%	3:51	390.0	14.6%
파이널컷 배우기(기초+응용)	813	4.1%	1,529	3.1%	2:35	66.0	2.5%
콘텐츠 제작 꿀TiP	422	2.1%	826	1.7%	4:06	56.6	2.1%
audio fav	213	1.1%	563	1.2%	0:38	6.0	0.2%
추천 맥MAC 앱APP	202	1.0%	283	0.6%	2:37	12.4	0.5%
Creative Video	116	0.6%	172	0.4%	0:54	2.6	0.1%
VLOG	81	0.4%	135	0.3%	1:34	3.6	0.1%
키노트 완전정복	51	0.3%	92	0.2%	3:04	4.7	0.2%
안동의 맛과 멋	47	0.2%	76	0.2%	0:48	1.0	0.0%
세상에서 가장 쉬운 키네마스터 강좌	23	0.1%	37	0.1%	4:45	2.9	0.1%
인기 업로드	8	0.0%	8	0.0%	5:35	0.7	0.0%

재생목록을 만들고 동영상을 재생목록에 추가하면 영상을 찾아 시청할 때 재생목록으로 연이어 시청할 수 있어서 유용합니다. 재생목록 탭에서는 재생목록의 조회수 등에 대해 확인할 수 있습니다.

> **여기서 잠깐!**
>
> 시청자들은 재미있고 유익한 영상의 경우 재생목록으로 순서대로 보는걸 선호하는 경향이 있습니다. 따라서 처음부터 적절하게 재생목록을 분류하고 잘 관리하는 것이 중요합니다. 뒤죽박죽 섞인 영상은 시청하기가 까다롭겠죠?

이외에도 [더보기] 버튼을 클릭하면 더 많은 통계 분석을 확인할 수 있습니다. 통계분석을 주기적으로 확인해서 내 동영상이 어떤 성과를 내고 있는지 체크해보고 앞으로의 영상 제작에 활용해보세요. 그러나 수치보다 더욱 중요한건 동영상 자체의 흥미와 재미 또는 유익함이라는 사실을 잊지 마세요. 훌륭한 영상을 꾸준히 제작한다면 수치는 곧 좋아집니다.

채널아트를 활용해 업로드 일정 공지하기

유튜브 동영상을 제작할 때, 주기적으로 제작해서 꾸준히 업로드 할 계획이라면 채널 아트를 활용해 시청자들에게 업로드 일정을 공지해보세요. 시청자들에게 기대감을 심어주고 정해진 시간에 시청할 수 있는 유익함을 제공할 수 있습니다.

▲ 워크맨 채널. 매주 업로드 되는 일정을 공지

▲ 직방 TV 채널. 매주 업로드되는 요일과 시간 공지

▲ vanessa lau 채널. 매주 1회 업로드된다는걸 강조(매주 월요일 업로드)

채널아트에서 SNS 링크하기

유튜브 채널아트에는 자신의 SNS를 링크할 수 있는 공간이 있습니다. 이 링크 공간은 유튜브 채널 운영자를 더 자세히 알 수 있게 하면서 시청자들과 유튜브 외적으로 소통하는 기회를 제공합니다. 많은 시청자들이 유튜버의 팬으로서 해당 유튜버와 소통하고 싶어합니다. 따라서 개인 SNS를 운영 중이라면 유튜브 채널아트 공간에 링크를 연결하세요.

❶ 유튜브 홈 화면에서 [채널 맞춤설정]을 클릭한 후, 오른쪽 연필 모양을 눌러 [링크 수정]으로 들어갑니다.

❷ 자신의 SNS 채널과 글자를 넣고 [완료]를 클릭합니다. 이미지를 별도로 넣을 필요없이 유튜브에서 자동으로 가져옵니다. 예를 들어 페이스북 주소를 등록하면 페이스북 아이콘이 자동으로 등록됩니다.

14 : 유튜브 쇼츠 동영상 만들기 (숏폼 동영상)

1. 유튜브 쇼츠(YouTube Shorts)

유튜브 쇼츠(YouTube Shorts)는 유튜브 내에서 활용할 수 있는 짧은 동영상 서비스로서 숏폼 콘텐츠로 불립니다. 보통 콘텐츠 제작에서 숏폼 영상이라고 하면 세로 비율을 가진 60초(1분) 내외의 동영상을 뜻합니다. YouTube Shorts는 유튜브에서 틱톡과의 경쟁을 위해 내놓은 서비스이지만, 숏폼 선호 현상이 뚜렷해지면서 많은 사용자들에게 인기를 얻고 있는 서비스이기도 합니다. 비슷한 서비스로는 인스타그램의 릴스, 틱톡, 네이버 블로그의 모먼트 등이 있습니다.

▲ 유튜브에 업로드 된 쇼츠 동영상들

유튜브 쇼츠는 세로 비율로 촬영하고 편집되는 짧은 동영상이며, 최대 60초(1분)까지 업로드할 수 있습니다. 과거에는 #shorts라는 태그를 제목이나 설명에 삽입해서 쇼츠임을 등록해야했습니다만, 최근에는 세로 비율의 60초 이내 동영상을 업로드하면 자동으로 유튜브에서는 쇼츠로 업로드가 됩니다.

▲ 유튜브 쇼츠 동영상 화면

유튜브에 업로드된 쇼츠 동영상은 오른쪽 아래에 쇼츠 로고가 표시됩니다.

2. 유튜브 쇼츠의 특장점

유튜브 쇼츠는 최근 유튜브 크리에이터뿐만 아니라 시청자들에게도 큰 인기를 얻고 있는 서비스입니다. 짧은 동영상으로 반복 재생이 가능하며, 일반적으로 길이가 긴 롱폼 동영상(평범한 가로화면을 가진 유튜브 동영상)에 비해 짧고 재미있는 영상들이 많아서 시청자를 사로잡습니다.

유튜브 쇼츠의 경우 인스타그램 릴스와 틱톡 등과 경쟁하는 서비스로서 유튜브 내에서도 쇼츠 콘텐츠를 밀어주고 있는 상황이며, 인스타그램 릴스에서도 마찬가지입니다. 따라서 평범한 동영상을 업로드하는 크리에이터라고 하더라도 유튜브 쇼츠를 잘 활용하면 높은 조회수를 비롯해 알고리즘에 의한 빠른 성장이 가능할 수 있습니다.

▲ 유튜브 공식 쇼츠 소개 동영상

현재까지 유튜브 쇼츠는 광고 게재가 되지 않아 수익창출이 불가능하며, 크리에이터를 위해서 유튜브에서는 1억 달러 규모의 '유튜브 쇼츠 펀드'를 만들어서 지원을 해오고 있었습니다. 2023년부터는 유튜브 쇼츠에서도 광고를 추가할 수 있으며, 조회수에 따라 수익창출이 가능해질 예정입니다.

저작권에 문제없이 대중가요를 활용할 수 있습니다. 원래 동영상 제작에서 음악 저작권은 항상 이슈가 되는 부분이었습니다. 유튜브 쇼츠에서는 우리가 즐겨듣는 가요를 내가 만든 동영상에 추가해서 사용할 수 있으며, 아무런 문제가 없습니다. 단, 현재 유튜브에서는 유튜브 오디오 보관함 또는 다른 동영상의 원본 오디오를 사용하는 경우 음악의 재생 시간이 15초로 제한돼 있습니다. 즉, 20초짜리 영상을 만들어도 음악은 15초만 나옵니다.

3. 유튜브 쇼츠 동영상 만들기

유튜브 쇼츠 영상은 스마트폰으로 제작하는 경우가 일반적입니다. 쇼츠 영상 자체가 세로 비율을 가지고 있어서 스마트폰으로 촬영하는데 최적화 되어 있을 뿐만 아니라 짧은 동영상인만큼 편집 기술도 간략하게 들어가는 까닭입니다.

❶ 스마트폰에서 유튜브 앱을 실행한 후 아래쪽에 있는 '⊕' 버튼을 클릭합니다.

❷ 'Shorts 동영상 만들기'를 클릭합니다.

❸ 오른쪽 위에 시간 타임을 설정합니다. 기본으로 15(15초)로 설정됩니다. 15초가 넘는 동영상을 만들고 싶다면 해당 버튼을 눌러서 60초까지 녹화할 수 있도록 변경합니다.

❹ 동영상을 녹화하려면 ①의 녹화 버튼을 클릭합니다. 촬영한 동영상을 불러와서 유튜브 쇼츠로 만들려면 ②를 클릭합니다. 녹화를 시작했다가 중지하려면 녹화 버튼을 다시 클릭하면 됩니다.

❺ 녹화된 동영상을 불러와서 선택하면 유튜브 쇼츠에 동영상을 추가하는 화면이 나타납니다. 여기에서 [다음]을 클릭하면 해당 동영상이 '처리 중'이라는 메시지와 함께 유튜브 쇼츠 편집 화면에 추가됩니다.

❻ 가장 위쪽에 빨간색 선이 현재 동영상이 추가되었으며, 앞으로 남은 시간(15초 또는 60초에서 남은 시간)이 얼마나 있는지를 표시해주는 역할을 합니다.

❼ 음악을 추가하기 위해서 가운데에 있는 '사운드 추가' 버튼을 클릭합니다.

❽ 유튜브 쇼츠의 장점인 가요를 사용할 수 있습니다. 원하는 음악을 목록에서 찾거나 검색을 통해 찾으면 됩니다. 공식 음원뿐만 아니라 유튜브에 있는 거의 모든 동영상의 음원을 원본으로 사용할 수 있습니다.

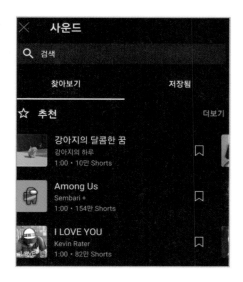

❾ 원하는 음악을 찾아서 오른쪽에 있는 파란색 화살표 아이콘을 클릭합니다.

❿ 현재 업로드를 준비 중인 유튜브 쇼츠 동영상에 해당 음원이 배경음악으로 추가되었습니다 (유튜브 영상의 오디오 또는 음악은 15초만 재생됩니다).

⓫ 영상을 완료하려면 오른쪽에 있는 '체크' 버튼을 클릭합니다. 추가한 영상을 취소하고 다시 작업하려면 왼쪽에 있는 '되돌리기' 버튼을 클릭합니다.

❶❷ 미리보기 화면으로 유튜브 쇼츠 동영상의 결과물을 보여줍니다. 아래쪽에는 총 4개의 메뉴(조정, 텍스트, 타임라인, 필터)가 있습니다.

❶❸ '조정'은 음악의 위치를 조정하는 것입니다. 음악의 처음부터 재생할 수 있으며, 음악의 중간부터 재생하고 싶을 때에도 원하는 타임을 지정할 수 있습니다. 드래그하여 사운드를 지정하세요.

❶❹ '텍스트'는 유튜브 쇼츠 편집 화면에서 유튜브 쇼츠 동영상에 간단한 자막을 넣을 수 있는 기능입니다. 복잡한 자막은 지원하지 않으며, 간단한 자막 정도는 넣을 수 있습니다.

⓯ '타임라인'은 이름 그대로 영상 편집 프로그램에서 볼 수 있는 타임라인과 동일한 의미입니다. 유튜브 쇼츠 업로드 화면에서 타임라인을 열어서 자막의 길이나 타이밍 등을 편집할 수 있도록 지원하는 기능입니다.

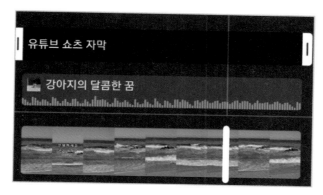

⓰ '필터'는 동영상에 필터를 씌우는 기능입니다. 다양한 필터들이 준비되어 있으니 필터를 활용해서 예쁜 장면을 만들어보는 것도 좋겠습니다.

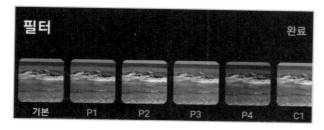

⓱ 작업이 완료되었다면 오른쪽 위에 있는 '다음'버튼을 클릭합니다.

⓲ 이제 유튜브 쇼츠 동영상의 설명을 추가합니다. 유튜브 쇼츠 동영상은 제목이 곧 설명글이 되며 별도의 설명란은 없습니다. 따라서 제목이 제목과 설명을 포함하는 개념입니다. 먼저 제목을 넣어주세요. 100자 제한이 있습니다.

❶❾ 그리고 아래쪽에서 공개 여부와 시청자층을 선택해줍니다. 비공개로 설정하면 다른 사람들이 동영상을 볼 수 없으므로 공개로 바꿔줍니다. 시청자층은 아동용 동영상 여부와 연령 제한 여부를 설정합니다.

❷⓿ 끝으로 아래쪽에 있는 'Shorts 동영상 업로드'를 클릭합니다.

❷❶ 유튜브 쇼츠 동영상 역시 동영상 처리 과정을 통해 업로드되므로 업로드의 시간이 다소 소요될 수 있습니다.

❷❷ 이제 다시 유튜브에서 자신의 채널로 접속해보면 유튜브 쇼츠 동영상을 확인할 수 있습니다.

원리쏙쏙 IT 실전 워크북 시리즈

(대상 : 초 · 중급)

포토샵CC 2023
유윤자 지음 | A4
304쪽 | 17,000원

포토샵CC 2022
유윤자 지음 | A4
304쪽 | 15,000원

포토샵CC 2021
유윤자 지음 | A4
304쪽 | 15,000원

포토샵 CC
유윤자 지음 | A4
292쪽 | 15,000원

포토샵 CS6 한글판
유윤자, 우석진 지음 | A4
252쪽 | 13,000원

일러스트레이터 CC
유윤자 지음 | A4
320쪽 | 16,000원

일러스트레이터 CS6
김성실 지음 | A4
240쪽 | 13,000원

**전문가의 스킬을 따라
배우는 포토샵&
일러스트레이터CC
기초+활용 실습**
유윤자 지음 | A4
488쪽 | 21,000원

**일러스트레이터CC
기초부터 실무활용까지**
유윤자 지음 | A4
352쪽 | 19,000원

한글 2020
김수진 지음 | A4
216쪽 | 12,000원

한글 2016(NEO)
비전IT 지음 | A4
216쪽 | 12,000원

한글 2014
김미영 지음 | A4
216쪽 | 12,000원

엑셀 2016
김지은 지음 | A4
212쪽 | 12,000원

엑셀 2013
김수진 지음 | A4
216쪽 | 12,000원

파워포인트 2016
김도린 지음 | A4
208쪽 | 12,000원

파워포인트 2013
비전IT 지음 | A4
256쪽 | 12,000원

유튜브&영상편집 첫발 내딛기
박승현 지음 | A4
178쪽 | 12,000원

Start Up 시리즈 ●●●●●●●●●

Start Up 시리즈는 유튜브, 인스타그램, 블로그, 페이스북, 트위터 등 다양한 플랫폼을 통해 누구나 콘텐츠를 제작하여 유통할 수 있는 시대에 맞춰 고객의 니즈를 파악하여 제작한 교재입니다. 더불어 많은 수익창출로 새로운 1인 창업의 기회가 되고, 1인 크리에이터로 제대로 된 기획, 제작, 마케팅, 수익 창출을 위한 내용을 수록하였습니다.

스마트폰으로
유튜브 크리에이터 되기

남시언 | 19,500원 | 288쪽

인스타그램으로
SNS 크리에이터 되기

남시언 | 15,000원 | 228쪽

아보느의
홈페이지형 블로그 만들기

윤호찬 | 15,000원 | 260쪽

집에서 10억 버는 카페24 쇼
핑몰 제작하기(유튜브 동영상
강좌 제공)

박길현 | 23,000원 | 432쪽

현직 줌(ZOOM) 강사가 알려
주는 하루 만에 ZOOM으로
프로 강사되기

김가현 | 9,000원 | 80쪽

돈버는 SNS 콘텐츠 만들기
with 미리캔버스

박정 | 16,000원 | 226쪽

2시간만에
유튜브 크리에이터 되기

허지영 | 9,000원 | 93쪽

블로그 글쓰기
나만의 콘텐츠로 성공하기

남시언 | 15,000원 | 282쪽

엄마와 아이가 함께 하는
스마트폰으로 이모티콘 작가되기

임희빈 | 16,000원 | 208쪽